经典中的管理智慧

李柏映 著

（一）

道德经中的管理智慧

世界知识出版社

图书在版编目（CIP）数据

经典中的管理智慧．（一）/ 李柏映著．-- 北京：世界知识出版社，2023.12

ISBN 978-7-5012-6622-7

Ⅰ．①经… Ⅱ．①李… Ⅲ．①管理学－通俗读物 Ⅳ．① C93-49

中国国家版本馆 CIP 数据核字（2023）第 092485 号

经典中的管理智慧．（一）
Jingdian Zhong de Guanli Zhihui

作　　者	李柏映
责任编辑	薛　乾　　　特邀编辑　杨　娟
责任出版	李　斌
装帧设计	周周设计局　　内文制作　宁春江
出版发行	世界知识出版社
地　　址	北京市东城区干面胡同 51 号（100010）
网　　址	www.ishizhi.cn
联系电话	010-65265919
经　　销	新华书店
印　　刷	廊坊市海涛印刷有限公司
开本印张	710×1000 毫米　1/16　13 印张
字　　数	127 千字
版次印次	2023 年 12 月第一版　2023 年 12 月第一次印刷
标准书号	ISBN 978-7-5012-6622-7
定　　价	98.00 元（全三册）

（凡印刷、装订错误可随时向出版社调换。联系电话：010-65265919）

序 言

《道德经》对我的影响很大。所以，一直想把近些年来我在管理中实践《道德经》的心得分享出来，特别是关于无为而治的管理思想，希望对大家管理企业有所帮助。

读经典不仅增长见闻，更可以优化我们的思维方式，改变我们看世界、看人生的视角和深度。南怀瑾先生说："文化是人类民族的灵魂，尤其是一个国家民族，切不可自毁灵魂、但取躯壳地糟蹋文明，更不可自毁千秋的文化大业，而偏取后世的一家之言，便当作金科玉律。那是必有自忏孟浪、后悔莫及的遗憾啊！"

一个从事管理工作的人，宜熟读《道德经》，尤其未来想做大事的年轻人，更应常学这部经典。清朝立国的时候，要求皇室子弟必读三部书：《道德经》《孝经》《三国演义》。儒家经典必学的是《孝经》，道家经典必学的是《道德经》。

如果一辈子只能读 10 本书的话，我希望《道德经》成为你的必修之书。平时这些经典并不容易学习，要么没有机会从事这方面的工作，要么没有时间。经典学而不习，很难领悟。企业领导者学

《道德经》，越专注，体会越深。普通大众读了也很好，能开智慧。

如果总是没时间学习经典来优化思维，决策难免失误。很多人做企业，做着做着就会出问题，为什么？一直在谈项目、谈投资，很少谈论与思想文化有关的话题，不知者不觉。《周易·系辞下传》："智小而谋大，力小而任重，鲜不及矣。"当自己的内在文化储备不足时，决策失误率会很高。很多时候不是问题没有答案，答案本来就在经典中，是我们没有见识，却"偏取后世一家之言"，把投机当作经验方法，这是不可取的。要跟圣贤学、跟历史学、跟文化学，只有经过实践检验的思想才是可靠、安全的。

目录

道德经中的管理智慧 上篇 … 1

01 《道德经》知多少 … 3
用缘起思维看经典 … 3
道家最重要的经典之一 … 6

02 《道德经》源于圣人之心 … 20
契入经典三步法 … 20
入圣贤心才是人生正确的方向 … 21
走圣贤路是人生迷茫的真正解药 … 27

03 《道德经》基于天地之道 … 31
"道"说的到底是什么 … 31
圣人为何说"道" … 34
圣人在追求什么 … 44

04 《道德经》倡导无为之法 … 48
无为之法的管理模式 … 48
企业如何运用无为之法 … 53

05 《道德经》蕴含人生之智 … 59
破除二元对立 … 59
管理智慧中的"不争" … 76
守住谦德方可长久 … 89

道德经 中的管理智慧 下篇　　95

01 管理中的无为：不要制造问题　　97

一、基于企业使命，制定企业战略　　99

二、重视产品，用产品利益客户　　103

三、懂人心的管理，真心对员工好　　113

四、有教化的制度，为而不争　　118

02 管理中的无为：自然的力量　　122

在事业中成就人生　　126

在愿景中齐心前行　　132

在文化中凝聚人心　　136

在学习中持续成长　　141

03 管理中的无为：尊道而贵德　　146

正确认知人性，实现企业良性运转　　148

尊道"三举措"，形成正确的思维方式　　158

贵德"三用"，形成正确的行为模式　　159

相关问答　　163

04 管理中的无为：在明明德　　173

修身，从正确的人生方向开始　　175

保身，从容有度　　181

明道，按规律做事　　186

修心，心灵宁静　　197

道德经中的
管理智慧 上篇

01《道德经》知多少

用缘起思维看经典

《道德经》可以用四个词来做一个总的概括：圣人之心、天地之道、无为之法、人生之智。

这部经典源自圣人之心。因为道本身很难说，所以，圣人在讲这部经典的时候，借助天地来说这个"道"，像"人法地，地法天，天法道，道法自然"，之后又说到无为之法。但有人望文生义，以为无为之法就是什么都不做，殊不知，"无为"不是无为，而是告诉我们人生的进退之道，也就是书中最后谈到的人生之智。

从中华文化的角度来看《道德经》，能看出它的进退之妙：往前进一步有入世的风采；往回收一步，有出世的味道。本次分享《道德经》不是简单地进行字面解读，更多的是让大家了解其中蕴含的管理智慧，并能很好地去使用它。

这部经典很特殊，不是简单的经验之学，而是有着很深刻的、缜密的、内在的人生观和宇宙观，进而形成科学的治国观。很多人为什么不能有效使用这部经典，是因为他的人生方向没有调整好。《道德经》是圣人之学，是立志成圣而治天下之法，立志做圣贤的人可以很好地借鉴其中的思想智慧。如果志不在圣贤，可能就用不上了，因为其人生观和它是相悖的。人们在有为的世界往往太自负，以为有权力可以解决一切，这不是书中倡导的。

《道德经》流传千年，很多人觉得这本书好，但总是望而却步，运用不起来，感觉离现实特别遥远。原因之一就是，这个时代真正想成圣成贤的人不多，而更多人也不知道成圣成贤到底指的是什么，以及它对我们的人生意味着什么。当这些问题得到正确解答的时候，《道德经》就能真正落地了。

如果你的追求本身是错的，那你运用不了《道德经》，它不能帮你追名逐利，反而在提醒你名利是有害的，并且不断验证给你看，还告诉你应该如何做。这本书的内部逻辑是对学习者的宇宙观和人生观的重塑，重塑之后才有可能把老子的道法运用出来。否则，它看起来就像神话，很遥远。

譬如，"上善若水，水善利万物而不争"，一般人觉得，这怎么可能呢？但如果一个人追求成圣成贤，那么"上善若水，水善利万物而不争"将成为他人生的行道之路。这是方向的问题，不是方法的问题。方法看不懂，是因为人生方向不同。所以，学习《道德经》，一边调整方向，一边改变方法，就会不断拥有人生之智。

书不可乱读。每一部书都是作者内心智慧的展露。这颗心如果是圣人之心，他的书就是圣人之书，读者就会被滋养。可如果这颗心是小人之心，他的书就是小人之书，读者就容易受到伤害。读书如饮水，什么水都能喝吗？不能。上善若水，我们要喝"上善之水"，要读圣人之书。

在学中国文化的时候，要逐步建立起"缘起思维"。什么是缘起思维？举例来说，《道德经》这部经典，它是何时、何地、为何而写，是在什么背景下创作的，这就是缘起思维的一种体现。如果把这个弄明白，就能更加正确地运用这部经典。

许多人在了解中国文化的过程中，由于不懂缘起，造成了很多误会。比如，有人误解《弟子规》讲的"亲有疾，药先尝"，提出："不对，药怎么能乱尝呢？"《弟子规》是清朝李毓秀为了注解《论语》中的一段话而作。那时百姓所使用的药是以汤药为主，子女在给父母喂药前，一般会先尝一尝，试试药的温度是否合适，以免烫到父母。所以，如果明白《弟子规》的缘起，就知道"药先尝"这句话是没错的，它表达的是子女对父母体贴入微的孝心。同样，我们常说的"抛头颅，洒热血"，这六个字出自革命年代，是为了表达中国人为拯救民族危亡不怕牺牲的精神。到了和平年代，不需要做"抛头颅，洒热血"的事，但这种为国献身的精神依然需要，这就是所谓"以事表心"。中国文化经常是以事表心，这颗心、这种精神是要传承的。

懂得缘起思维，知道经典何时、何地、为何人而说，了解这些，把它还原出来，就能更好地用于今天的实践。所以，在正式契入原文之前，一般先对这部经典的相关背景做一些介绍。如果不了解经典的缘起，很容易断章取义，那样就失去了学习经典的意义。不懂缘起思维的人，在自己的人生中参照历史做决策，就只会照搬，而且容易一搬就错。这时，就会怀疑圣人的说法是否正确。尤其后人在学经典时，喜欢随心自用，抓一点小东西来彰显自己。在没有通篇理解原文的情况下，仅凭一句经文，把它当作完整真理来说，容易误导别人。

不懂缘起思维，不能回到大背景中去观察，解经不容易明白圣人的本意。所以，要用缘起思维来学习经典、学习中国文化。

道家最重要的经典之一

《道德经》，春秋时期老子（李耳）作，又称《道德真经》《老子》《五千言》《老子五千文》，是周朝衰微时的一部圣人之作，是道家哲学思想的重要来源。《道德经》分上下两篇，原文上篇《德经》，下篇《道经》，不分章，后改为《道经》37 章在前，第 38 章之后为《德经》，并分为 81 章，共计 5162 字，被誉为"万经之王"。据联合国教科文组织统计，《道德经》是除《圣经》以外，被译成外国文字发行量最多的文化名著。

圣人老子在作此经典时有两个重要特征：一是圣人心，一是圣人道。就在老子同时代的公元前 500 年左右，人类文明处于轴心时代，涌现了一大批圣人。中国出了老子和孔子，古印度出了释迦牟尼，古希腊出了苏格拉底、柏拉图、亚里士多德，这是人类文明精神的重大突破时期，是人类高度智慧的集中呈现。"天不生仲尼，万古如长夜"，老子和孔子是由于那个时代的因缘而出现的。为什么老子和孔子生在中国呢？因缘如此。当时中国所需的教化适合儒家和道家，圣人生在哪里，也都是随顺因缘的。学传统文化的人千万不要把世间发生的一切都当作随机、偶然，否则就永远是一个看热闹的人。

历史的车轮不断前行，来到近现代，不同文化思想的交流逐步增强，欧美各种思潮、马克思列宁主义等传入中国。随之，人类的思想格局也在不断发生变化，每一次变化都有其深刻的规律。为什么要研究人类思想的演变？因为人类的思想就是人类的命运，研究人类的思想史及其变化缘起，就能看出人类的命运和走向。作为个体，就会知道在时代浪潮中，以何为据，人生的脚跟该站在哪里，以及如何进退。回望历史，人类会更加理性地进行抉择。

如果你只能读一本书，一定要选择圣人之作，这就是缘起思维告诉我们的。人生就是在不断地抉择，而抉择要靠智慧。通晓缘起的人善于抉择，因为他能清晰地看到一切因缘变化的背后到底是什么。所以，他的每一个抉择都很准。

善用缘起思维，可以解决大事，因为每一个决定都非盲动。我们借用中国教育改革的案例，来说明缘起思维是怎样建立的。教育，不好改，但必须改。怎么改，从哪里下手……用缘起思维很快就可以找到正确的答案。

中国目前有14亿人口，2.9亿是在校学生，教育改革直接来说是改变2.9亿学生的命运，展开来说是改变14亿人的命运，改变一个民族的命运，这当然是大事。教育是改变民族命运的一桩大事，只有依靠人类巅峰的圣贤思想才承载得起，一般的思想承载不起。古人说："智小而谋大，力小而任重，鲜不及矣。"缘起思维提醒我们，如果想推动教育改革，可行的路就是一次次往返于圣贤和当下的教育实践之间，反复在经典中找寻答案。因为关起门来自己想答案和向圣贤求答案，是两种截然不同的决策。

解读《道德经》也是同理，只有了解《道德经》的大缘起，才能把它读懂。如果不知道它是圣人之作，心里就生不起恭敬心；如果不了解圣人之心，就入不了圣人之道，也就不知道圣人之道到底是什么。如果知道这是圣人之作，我们会心生敬畏，把自我放下。圣人是那些最慈悲、最有智慧的人，他们撰写的经典也是为了开万世太平。特别是这部经典专注于"大道"，致力于"无为之法"，所以，要想轻松读懂此书，需要有一些基本功才行。

在周室衰微的情况下，老子以圣贤心阐发圣贤道，凝结成这部《道德经》。很多年前看《道德经》，什么也看不出来。这些年越看越亲切，这种亲切的感觉鼓励我和大家分享这部书。

先来看一些历史名人对《道德经》的评述。

唐玄宗说："《道德经》其要在乎理身、理国。理国则绝矜尚华薄，以无为不言为教；理身则少私寡欲，以虚心实腹为务。"

宋太宗说:"伯阳五千言,读之甚有益,治身治国,并在其中。"

欧阳修说:"老子为书,其言虽若虚无,而于治人之术至矣。"

鲁迅说:"不读《老子》一书,就不知中国文化,不知人生真谛。"

哲学家尼采说:"老子思想的集大成——《道德经》,像一个永不枯竭的井泉,满载宝藏,放下汲桶,唾手可得。"

德国前总理施罗德说:"每个德国家庭买一本中国的《道德经》,以帮助解决人们思想上的困惑。"

在中国历史上关于这本书的著述特别多,有名的不下千种。从汉朝开始,《道德经》一直是治国必修之书,"内用黄老,外示儒术"。

《史记·老子韩非列传》中有关老子的记载:

老子者,楚苦县厉乡曲仁里人也,姓李氏,名耳,字聃,周守藏室之史也。

孔子适周,将问礼于老子。老子曰:"子所言者,其人与骨皆已朽矣,独其言在耳。且君子得其时则驾,不得其时则蓬累而行。吾闻之,良贾深藏若虚,君子盛德,容貌若愚。去子之骄气与多欲,态色与淫志,是皆无益于子之身。吾所以告子,若是而已。"孔子去,谓弟子曰:"鸟,吾知其能飞;鱼,吾知其能游;兽,吾知其能走。走者可以为罔,游者可以为纶,飞者可以为矰。至于龙,吾不能知其乘风云而上天。吾今日见老子,其犹龙邪!"

老子修道德，其学以自隐无名为务。居周久之，见周之衰，乃遂去。至关，关令尹喜曰："子将隐矣，强为我著书。"于是老子乃著书上下篇，言道德之意五千余言而去，莫知其所终。

或曰：老莱子亦楚人也，著书十五篇，言道家之用，与孔子同时云。

盖老子百有六十余岁，或言二百余岁，以其修道而养寿也。

这段记述的重点是孔子问道于老子。之后说出了《道德经》是怎么来的——老子出函谷关的时候，关令尹喜请他写的。

"吾闻之，良贾深藏若虚，君子盛德，容貌若愚。去子之骄气与多欲，态色与淫志，是皆无益于子身。""吾闻之"，这话说得很谦虚，不是说"我就这么定的"，而是"我听说"；"良贾"指古代擅长做大生意的人；"深藏若虚"，不彰显、不炫耀，这一看就很有文化。不管企业做多大，还能虚心做学生、记笔记，即为"深藏若虚"。德行深厚的君子，容貌若愚。其实，若愚的人往往不是真愚。传统文化有一种说法：凡是觉得自己很愚痴的人，基本上都很有智慧；凡是认为自己很有智慧的人，基本上都很愚痴。

人为什么吃亏？看不到自己的愚痴，所以，总自以为是，独断专行，不肯学习，不肯请教，结果撞了南墙。人的觉醒从看到自己的愚痴开始。真有德行的人，不仅若愚，而且很有敬畏心。

"去子之骄气与多欲"，去掉那些傲慢和过分的欲望。"态色与淫志，是皆无益于子之身"，骄傲的神态和过多的志趣没有好处。

学习上述《史记》这段记载至少有三种用途。第一，帮助自己为人处事。第二，帮助观察、判断别人的文化修为：是不是容貌若愚，是不是深藏若虚，是不是已经没有骄色与多欲？"道不同，不相为谋"，从这里就知道什么人可以多往来，什么人不宜多往来。第三，如果是好朋友，可以劝劝他，就像老子对孔子一样。月薪挣几万，却有点骄傲与放纵，这时，我们要多劝他去读读经典、听听传统文化课程，逐步"去子之骄气与多欲"，这对朋友就是很好的帮助。"赠人以言，重于金石珠玉；观人以言，美于黼黻文章；听人以言，乐于钟鼓琴瑟。"

尤其是做父母的，要给儿女掌舵，要用传统文化观察儿女的命运。如果容貌若愚、深藏若虚，那孩子就走对了；如果飞扬跋扈、骄气满身，那孩子就走错了。而父母本身如果没有受过传统文化熏陶，孩子即使出了状况也发现不了。

《孔子家语·观周》有一段孔子与老子的对话：

> 孔子谓南宫敬叔曰："吾闻老聃博古知今，通礼乐之原，明道德之归，则吾师也。今将往矣。"对曰："谨受命。"……
>
> 及去周，老子送之，曰："吾闻富贵者送人以财，仁者送人以言。吾虽不能富贵，而窃仁者之号，请送子以言乎？凡当今之士，聪明深察而近于死者，好讥议人者也；博辩闳达而危其身，好发人之恶者也。无以有己为人子者，无以恶己为人臣

者。"孔子曰："敬奉教。"

自周反鲁，道弥尊矣。远方弟子之进，盖三千焉。

孔子去周观礼，拜访了老子。走之前，老子送了孔子一段话："凡当今之士，聪明深察而近于死者，好讥议人者也；博辩闳达而危其身，好发人之恶者也。无以有己为人子者，无以恶己为人臣者。"大凡士人君子，聪明睿智体察深刻却濒临死地的，是喜好讥讽议论别人的缘故；博学雄辩胸怀大志却身陷危境的，是喜好昭示别人隐恶的缘故。作为儿子，不应该让父母惦记自己；作为臣下，不应该使君主憎恶自己。

这些话不是很深奥，但是很现实。历史上因为这类问题而惹祸上身的人很多，比如"杨修之死""击鼓骂曹"。反过来想一想，杨修、祢衡自身有没有过错？如果没有，会惹得曹操、黄祖大开杀戒吗？

从这些话可以了解老子的思维方式以及为人处世的态度。仁厚的人，口中很少挑剔别人，会经常赞美别人。若语言中夹枪带棒地指摘，这就是德行不够厚。有的时候，批评别人其实是想彰显自己，不肯赞美别人是怕压低自己，这都是因为"我"的存在。一言可以兴邦，一言可以丧邦，言语的威力不可小视。老子对孔子的忠告，其实也在提醒后人。

学习传统文化以后，我努力校正自己，多去称赞别人。但在讲课时，为了把案例说明白，有时也会讲一些反面典型。私下谈话的时候，我要求自己尽量不讲负面的言语，除非内部开会做决策，必须把事实讲出来。

《庄子·外篇·天运》有一段话记录了孔老夫子51岁时去见老子的场景。

孔子行年五十有一而不闻道，乃南之沛见老聃。老聃曰："子来乎？吾闻子，北方之贤者也！子亦得道乎？"孔子曰："未得也。"老子曰："子恶乎求之哉？"曰："吾求之于度数，五年而未得也。"老子曰："子又恶乎求之哉？"曰："吾求之于阴阳，十有二年而未得也。"

老子曰："然。使道而可献，则人莫不献之于其君；使道而可进，则人莫不进之于其亲；使道而可以告人，则人莫不告其兄弟；使道而可以与人，则人莫不与其子孙。然而不可者，无它也，中无主而不止，外无正而不行。由中出者，不受于外，圣人不出；由外入者，无主于中，圣人不隐。名，公器也，不可多取。仁义，先王之蘧庐也，止可以一宿而不可久处，觏（gòu）而多责。古之至人，假道于仁，托宿于义，以游逍遥之虚，食于苟简之田，立于不贷之圃。逍遥，无为也；苟简，易养也；不贷，无出也。古者谓是采真之游。以富为是者，不能让禄；以显为是者，不能让名。亲权者，不能与人柄。操之则栗，舍之则悲，而一无所鉴，以窥其所不休者，是天之戮民也。怨、恩、取、与、谏、教、生、杀八者，正之器也，唯循大变无所湮者为能用之。故曰：正者，正也。其心以为不然者，天门弗开矣。"

"使道而可献，则人莫不献之于其君；使道而可进，则人莫不进之于其亲；使道而可以告人，则人莫不告其兄弟；使道而可以与人，则人莫不与其子孙。"道是存在的，但道不是物件，没法送人。比如，朋友缺钱，可以借他一万，他就有了一万块钱；朋友缺道，能把道送给他吗？不能。道最终要靠自悟，谁悟谁得。经典和老师只是缘，经典人人可以读，老师的课也可以去听，但每个人收获不一样。所以，学习中国文化，最终要靠自觉。

文化不像物品可以互相赠送。我们可以给儿女留家产，但是想把道留给儿女，却不那么容易，文化的习得需要自觉。这在中国文化里是很典型的现象。这提醒我们，若真心求道，外缘少不了——经典和好老师，但更关键的是内因——你自己的先天基础和后天努力。"中无主而不止，外无正而不行。由中出者，不受于外，圣人不出；由外入者，无主于中，圣人不隐。"如果学道者缺乏慧根和努力，无论得道者怎么传，他也接不住；如果得道者遇不到合格的学道者，道也无法周流运行。如果向他人传道，好似对牛弹琴，圣人便会闭口不传；当然，如果他人传道牵强附会，圣人便会充耳不闻。

有人也许会提问，这个道得不得有什么用？得就得，不得就不得，为什么中国古人这么珍视？

确实，道非常重要。解惑者，道也，道能破惑；破了惑，就改了命，改命从解惑开始。没有道引领人生，我们就难以走出困顿迷茫的痛苦循环。

有人可能会觉得自己没惑，活得挺明白，那可能只是自认为而已。很多人都觉得自己挺聪明，一直很顺，可是走着走着就走不动了，出现这种情况的也不少。我们身边总会有一些曾经很风光但最终却败掉的朋友，不管他们认不认、服不服，结果就真真实实摆在那里。如果自己没有错，怎么会败？如果自己没有惑，怎么会犯错？从痛苦的结果可以推论出，我们必定有惑。

孔子说："朝闻道，夕死可矣。"中国古人不辞辛苦，舍身求道，是有原因的，道可以改命立命。如何在道上有所前进，进而生命有所改善？这里仅根据历史经验帮大家捋一捋。

第一，深明因果。要达到深明因果的境地才行，因果不通，不算入道。

第二，深明因果之后，要学习缘起、无常、无我。人生要拥有缘起思维、无我思维和无常思维，从这里找到不惑的答案，这就是往道的深处行走与探索。

第三，证悟智慧。道的终点是什么？根本智慧，所有的惑破除干净，彻底改命。证悟智慧，就可以解尽所有的惑，灭尽所有的苦。

老子说，道要靠自觉，需要努力去追求，要知道为什么求且有"闻道则喜"的精神。回想一下，没学传统文化的时候，往往会误求很多东西，命运不仅没有改善，有时还求出一堆祸事来，像得了高名、发了大财却出事的人实在是不少。而求道，就是学习真理，解惑改命。

"名，公器也，不可多取。仁义，先王之蘧庐也，止可以一宿而不可久处，觐而多责。"名声是公器，属于全民所有，个人不要多占，占多了会惹祸。仁义是先王夜宿田野的窝棚，睡一夜便走，不可久留。

"以富为是者，不能让禄；以显为是者，不能让名；亲权者，不能与人柄。操之则栗，舍之则悲，而一无所鉴。"把财富作为追求的人，就会在利禄上不肯谦让；把名声作为追求的人，就会在名声上不肯谦让；迷恋权势的人，就会在权势上不肯谦让。得到利禄、名声和权势，便唯恐丧失而不安，一旦丢掉，便又悲苦不堪。

所以，凡是所贪求的东西，必然会去争夺。举例来说，作为一家企业的董事长，需要有德还是无德？当然要有德。但一个人能不能一直处于有德状态呢？不能，有时还需要把德舍掉。一个董事长如果没有德，企业会大乱；可是若董事长贪德，时时标榜自己很有德，企业也容易出问题。所以，有时候还要把德放掉，不可久处。有智慧的董事长处在有德和无德的变换之间，有德是为了身教，无德是为了彰显别人。所以，我们会看到一个笨笨的董事长带出一批强兵强将，他有时真笨，有时真不笨，忽然有德，忽然没德。这里说的没德不是那种恶劣的无德，是为了彰显别人而把自己的德光收敛，若隐若现。不可久处德，因为董事长总是居于有德的位置，别人会受不了。

再比如，一个课程的讲授，老师要有文化还是没文化？这其实就是个矛盾体。如果没有文化，老师怎么讲好课？如果总是太有文化，学员不难受吗？怎么能把老师当好？若有若无，老师就需要一会儿有文化，一会儿没文化，学员才愿意学。也就是说，老师有文化，学员才愿意跟老师学；学员也有文化，大家才能更好地一起往前走。

这是中国文化的微妙处，深藏若愚，若愚若不愚，若不愚若愚，用语言不好解释，意在言外。那到底该有文化还是没文化？需要自己把握。董事长到底该有德还是没德？相信自己也已明白。这就是无为之法难学之处。所以，用无为之法管理的企业必须有一个非常勤快而又非常懒惰的领导，一个非常有德而又看着很没德的领导，看起来似乎很平庸。这是我们未来的努力方向，做一个非常有智慧又愚痴的领导。在开集体战略会的时候，要很有智慧——定方向；有的时候要很没智慧，"这事我也想不明白，你们定吧，销售你们最厉害，得靠你们，我也不会啊"。你一愚痴，员工就厉害了。

有德无德，若隐若现，内在是性空的，外在是缘起的。在这个缘起下，需要你有德，你就有德；在另一个缘起下，需要你无德，你就无德。在不同缘起下，无德和有德随机转换。因为你是性空的，所以才能有德无德来回变化，才能若隐若现；不可久处，一久处你就成实了，就不空了，不空就容易出问题。所以，无为之法是内在的无我显现出来的。

因为性空所以缘起，在缘起中发生变化。无德和有德是因缘起而变化的，随缘而变，随缘而用。有德，有有德之用；无德，有无德之用。当用则显，不用则隐。所以，德要不要显出来？不一定，今天你该显有德，你就必须有德；明天你该显无德，你就必须无德。

"怨、恩、取、与、谏、教、生、杀八者，正之器也，唯循大变无所湮者为能用之。"怨恨、恩惠、获取、施与、谏诤、教化、生存、杀戮这八种端正他人的工具，只有内在修无我的人才能用好它。

为什么只学方法不好用？因为所有方法都是缘起的。课上老师教了做老板应该有德，而当你一有德，员工却说："老板，我还是离你远点吧，你太有德了，别把我烫着。"这时，你就回来找我了，说："老师，你教我的方法不对，你教我要做一个有德的老板，怎么员工都远离我呢？"若是这样，我再教你一个无德之法，你敢用吗？

针对只学方法，再举个例子。"亲有疾，药先尝"，到底尝还是不尝？这时就要看缘起。喝汤药，试试温度，可以尝，这是孝道；吃西药，就不用尝。所以，不同的缘起要变换不同的方法，这就说通了。能用好缘起思维的人，是修无我的人。无为之法是在无我状态下显现出来的，而无我，不是简单的没有我，是没有固执的我。因为只要无我，就可以随缘而变，如水一样，见方就方，见圆就圆，该怎么显现就怎么显现，这样自然就能善利万物。

不要执着于外在的东西，求名，求富贵……有求就不能无我。比如，你求有德，全公司我最有德，谁也不准超过我，谁的德超过我，谁就得离开公司。这不是德，是执着，要伤人的。

修无为之法的企业管理，会把企业内在的力量最大化地彰显出来。因为你的有德，员工对你非常忠诚和信服；因为你的"不德"，员工可以自由绽放。这样的企业效率是最高的，上德不德，是为有德。领导者有这种修为，"上善若水，水利万物而不争"的局面就会呈现出来；有这样的董事长，员工会感觉有主心骨，且能展示自己的能力，在公司不受压抑。人尽其才，物尽其用。每个员工对企业、对领导者非常信服，既忠诚于企业，又敢于独立担当。

这种管理主要依靠领导者的修为。故曰："正者，正也。其心以为不然者，天门弗开矣。"中国文化到最后就是"道可道，非常道"，只能靠自悟，没法给予，"运用之妙，在乎一心"。

看过这三大段孔子和老子的对话，大家会发现其中的奥妙。知道老子是什么样的思维方式，再来读《道德经》就容易了。

02《道德经》源于圣人之心

契入经典三步法

在周室衰微的情况下,老子以圣人之心写出圣人之道。圣人之心就是大慈悲心,希望天下好的心;圣人之道就是无为之道,内在的无我。以这种道,让天下太平。

《道德经》年代久远,对于今人来说,在文字理解上可能会有一些障碍,而《尔雅》所提出的训诂可以解决这个问题。训,指用通俗的话去解释某个词义;诂,指用当代的话去解释古语或用较通行的话去解释方言。泛指解释古书中的字、词、句的意思。

在解经过程中,训诂的作用在于迅速清除语言障碍,得其文义。如果不进行翻译,个别字句会把我们难住,容易对经典望而却步。

但经典并不是翻译出来就结束了,我们提出解经的三步法:

第一步，了解缘起。用缘起的思维来了解这部经典何时何地因何而说。

第二步，使用训诂。用易懂的语言解释难懂的语言，用现代的语言解释古代的语言，快速清除语言文字上的障碍。

第三步，明体达用。知其心，明其理，善其事，事、理、心三圆融。

深入圣贤心，学着用圣贤的视角观察问题；然后，探求圣贤的理论体系建构，也就是圣贤之道、圣贤的方案、圣贤的法则；最后，落实到如何以理解事。

这种方法不仅适合读《道德经》，也适合读其他经典。

我们解经不是为了学知识概念，而是学以致用，解决生活工作中的现实问题。经典是药方，是化解人类烦恼的大药方。对于从小读白话文长大的我们而言，经典的语言太过简练，所谓微言大义。通过解经三步法，一部经典基本能被解透，用起来就很快。

经典阐发了圣人治天下之法，是在圣贤的格局、高度上讲的。现在很多经典为什么不容易入、不容易传承？就是宏观的解经思维没有建立。本书解读《道德经》偏重于企业管理，也会使用这种宏观的思维方式。

入圣贤心才是人生正确的方向

不入圣贤心，难得圣贤道；不知圣贤道，难得圣贤法。所以，我们一定要花一点时间入圣贤心，看这部经典背后的圣贤心是怎样的。如今这个时代，学经典的主要障碍是在这里。训诂部分很容易，任何人打开手机都能找到翻译，了解文义；入圣贤之心才是解这部经典的重要工作，才能与圣贤同频。

不仅是《道德经》，包括《易经》《论语》等很多经典，都存在着圣人为何而写这部经、要解决什么问题这样的大缘起。经典在两千多年的历史传承中时断时续，是经典的问题还是人的问题？一定是人。有人学经典，一学就很相应；有人学经典，怎么学也学不通，原因就在于有没有入圣贤心。没有入圣贤心，经典是白学，怎么学也学不明白，因为思维不同频。

文化为什么容易断？首先是心断了，即使经典还在。后人看看原文，看看翻译，就放回去了，并不知道老子说这些话的良苦用心。周室衰微，老子决定隐居。出关之前，因为关令尹喜这个缘起，留些话给后人。中国古人历来有忧国忧民之心，屈原说"长太息以掩涕兮，哀民生之多艰"，范仲淹说"先天下之忧而忧，后天下之乐而乐"，都是这种民族文化精神的体现。

孩子学经典，如果从小圣贤心起不来，把经典倒背如流都没用。所以，给他们真正打底子的，并不是把经典背得多娴熟，而是让孩子入圣贤心。相对来说，小孩子比成人更容易入，小孩子经事少，内心很纯净。不少成人已经没有时间忧国忧民了，忙挣钱的、忙学术的、忙职称的、忙当官的、忙提干的……

圣贤心如果起不来，会带来哪些过患？

不入圣贤心的第一个过患是契入不了经典。圣贤关注的国家民生，不是为个人升官发财，不同频，经典自然就读不懂。读经典，经典里是圣贤的心，既是老子的心，也是孔子的心，将来要成为自己的心。

不入圣贤心的第二个过患是人生方向迷失。中国文化立下"圣贤"这个标杆，其实立的是正确的人生方向。人生极容易迷失方向，媒体报道过，南方某城市小学一年级的女生"立志"长大要当贪官。人生方向迷失，属于惑业苦中的惑，后面跟随的必然是痛苦。如何解决这个问题？正确的人生方向其实只有一个，就是成为圣贤。所以，中国古人只要读书，第一件大事就是定人生方向，志在圣贤。从方向上看，它可以化解走错路的危机。

圣贤是通晓人生真相和宇宙规律的人，代表着人生圆满、幸福的状态，是合理的人生设计。每个人都应该入圣贤心，追求与圣贤一样的人生，在这一期人生的旅程中，直奔圣贤而去。其他财富名利都只是路上的风景，可以有，可以没有，能活明白最重要。成不了圣人的，可以成贤人；成不了贤人的，可以成君子，之后传给后人，后人继续再成圣成贤。

如果不入圣贤心，人生很容易走错方向。圣贤对于人生会直接给出一个标准答案，其他五六七八全都不说，这能让大众避免很多错误，少走弯路。所以，古人教孩子从小就是志在圣贤，这是中国人的文化思维。

经典是在中国文化的大背景下说的，要了解从古至今中国人是如何设计人生的，就从这里观察。回头看看自己的人生历程，你会发现，如果有一段是照着圣贤做的，那段时间一定很幸福；如果不是，一定很慌张、很迷茫。为什么走错路？为什么瞎折腾？为什么成功也不高兴，失败更痛苦？因为大方向错了。就算局部有小成功，也依然不快乐。

入圣贤心在传统文化里有一个相应的词叫"立志"，中国人真正的立志是"志在圣贤"。现代人在立志上为什么老出问题，立不下志向呢？因为不知道立志是定人生方向，以为只是定职业方向。立志要当科学家，是科学圣贤；立志要当文学家，是文学圣贤。都是圣贤，只是分工不同。从小先定住人生的大方向——成圣成贤，然后根据孩子不同的天赋，设计不同的职业方向。任何职业都能实现人生的大方向。

不入圣贤心的第三个过患是人生极容易浪费。回头想想，当我们真的坚定想走圣贤路的时候，人生才开始获得真实利益。每一年都在提升，而且幸福度越来越高，证明这条路走对了。之前的岁月很慌张、很迷茫，左也不对，右也不对。

圣贤不是高高在上的人，是心怀大众的人。圣人无心，以百姓心为心。有时候，我们觉得圣贤太有高度了，可能够不着。不需要够得着，朝这个方向努力就好，人生吃亏就在于没有高度。稻盛和夫先生说过，维持高利润的企业和维持低利润的企业所消耗的能量是一样的，所以，企业要提升高度，挑战高目标。人生也是一样，有高度的人生和没高度的人生所消耗的时间是一样的，不能磨磨蹭蹭待在没高度的舒适区里，到最后承受不如意的结果。这些都是实在话。我们不是为了标榜高度，努力过有高度的人生才划算。人生看似有这问题、那问题，其实打包起来就一个问题——人生的方向。

有人说，我是做商业的，人生方向与所选择的行业是怎样的关系？抚今追昔，志在圣贤的人如果入世做事，无论选择哪个行业，往往都能交出漂亮的成绩单，如孔子、王阳明、曾国藩、周总理、稻盛和夫、星云大师等，不胜枚举，他们都是世间最有智慧的人。入圣贤心不是一件可有可无的小事，是锚定人生正确方向的大事。有了这一大前提，再学经典才能学出味道来。

"老师，学《道德经》能挣钱吗？""老师，我的员工要离职了，学《道德经》能让他们不离职吗？"事业中遇到很多现实问题，其深层都是领导者迷失了人生方向造成的，而《道德经》希望"侯王得一以为天下正"，领导者往这个方向努力，可以尽量避免重大决策失误。

一起学传统文化的朋友，有的学着学着就不学了，从第一天起就没有入圣贤心，所以不管怎么学，老是原地打转。从现象上看，跟文化很有缘，家里书架上全是文化书，品茶写字全是文化事，来来往往全是文化人，张口闭口全是文化词。看起来非常有文化，但是没有入圣贤心，人生依旧很迷茫，没有得传统文化的心要。

像《道德经》这样的经典，谁也不敢说一下就能学明白，但是不管十年二十年，只要我们方向对了，早晚能学明白。如果方向不对，永远都学不明白，怎么背都没用。如果讲《道德经》的人不是志在圣贤，那么，他所讲的也值得商榷，未必是老子的本意。

《道德经》是给那些有圣贤心、为国为民的人写的，而只为自己学，不容易相应。为自己也没有错，但正确的做法是"非以其无私邪，故能成其私"。如果能为国为民，自然能解决自己的问题；如果只想着解决自己的问题，那是解决不完的。

"既以为人，己愈有；既以与人，己愈多。"当你志在圣贤、志在天下、志在百姓的时候，自己就什么都不缺了，这就是悟道的过程。我们党这一百年就是很好的证明，一心只为百姓，引领中国走过百年，越走越兴盛。

我在盛和塾工作多年，有塾生问起，学稻盛和夫怎么总也学不明白？我说，稻盛先生有稻盛先生的心，若不得其心，如何得其法？就算守着稻盛和夫先生也是对面不相识。稻盛和夫先生的第一本书《活法》写的是他的心，最后一本书《心》还是写他的心，他已经把自己一生的绝学和盘托出。星云大师说，你们不要看我的字，要看我的心。

稻盛和夫先生和星云大师都用自己的人生演绎了圣贤的活法，无私无我为世人奉献。我们在仰望他们的时候，是否想过，自己可不可以尝试一下像圣人一样度过这一生？

圣贤文化我是越学越快乐，虽然很忙碌，但忧愁越来越少。我想，这辈子要能成为圣贤多好，不是为了给谁看，而是自得其乐。有人说："老师你挺善良的。"那是我的生活方式。有人说："老师挺愿意为别人服务的。"那是我的追求。我鼓励大家都试一试。从老子到孔子，从星云大师到稻盛和夫，我们一起见贤思齐，走上人生真正幸福的大道。

无私是一种大智慧，人生应该这么度过。看看过去这些年，得由何得，失由何失？方向没定，志向没立，进进退退蹉跎许久，很可惜。"是以圣人后其身而身先，外其身而身存。"人生本来就是悟道之旅，追慕圣贤，不亦说乎！

走圣贤路是人生迷茫的真正解药

在河南鹿邑祭拜老子，从圣贤那里汲取人生力量。圣贤在意的并不是我们把经典背得多流畅，而是我们是否都过上了远离惑、业、苦的生活。我们对圣贤最好的纪念就是真正把经典学好、用好，并传诸后代，那是圣贤内心最期望的。

"圣人无常心，以百姓心为心""圣人皆孩之""圣人常善救人，故无弃人，常善救物，故无弃物"，从这些经句能看出圣贤的大慈悲心，希望后人走上一条正确的路。我们今天经常迷茫，却不知道迷茫的真正解药。走圣贤路就是最好的解药。

如果想走圣贤路，大概需要三个条件来支持。

走圣贤路的第一个条件，找到人生的榜样。

榜样就是我们的方向。榜样如果找不对，这一生很难过得明白，这是人生的重大抉择。我们在求学、成长、找方向时，你是否想过，按照某一路径学，学到顶峰无非是成为那个人，那个人是你真正的榜样吗？如果榜样不对，这一生过得如何？稻盛和夫、星云大师、南怀瑾老师都是我的榜样，他们的故事我经常读，立德、立功、立言，我跟他们不仅学道理，更重要的是学他们的人格和方向。

虽然我们很普通，但学一本经典，就是想成为书中那个人，学儒家思想，就想成为像孔子那样的人，志在圣贤不是唱高调，而是我们的人生追求。否则，我们既帮不上自己，也帮不上他人。要做圣贤不是为了求名，是希望有一天自己真成了圣贤，可以温暖更多人，照亮更多的迷茫，带动更多的人走上圣贤的光明大道，这不是人间一桩好事吗？

当然，即使志在圣贤，我们依旧还是普通人，我们的角色还是儿子、先生、经理、学生、公民，并没有离开普通人的身份。

很多书可以翻一翻，可以拿来用，作为方法来学是可以的，但教你开车的教练未必足以成为你人生的榜样。找到人生的榜样是头等大事，需要非常谨慎！选择人生榜样，仿佛把整个宝贵的人生定在一个方向。沿着一座山往上爬，好不容易爬到山顶，若一看路不对，就没地方走了。所以，立志当立一等志，学人就要学圣人。这样的选择才没有过患，这样的人生才没有危机。

有人想做首富，可首富自己的人生危机也不一定就解除了。圣贤之路是基于正确的人生榜样而建立的。在浩瀚的人类历史中，从远古到当代，你要找到自己的人生榜样，好好学他们，走出他们那样的人生，达到自由自在的境界。

走圣贤路的第二个条件，提升心性。

很多人看到走圣贤路很好，但跟不住，这是心性不够。心性过于自我，只想自己，不想为别人，良知不够的人很难踏入圣贤之路。圣贤走的是无私的路，一般人如果心性不足，怕是不敢跟。

走圣贤路的第三个条件，提升知见。

生命的美好世界是什么样的，是如何构建的，需要做什么才能实现这样的美好？如果个人对这些没有理解，那就很难走圣贤路，甚至会对圣贤产生很多误解。

有些人看圣贤无私奉献的人生过程，觉得没法学，做不到。可是又很向往圣贤的名望，放不下投机的心。这样走不了圣贤的路，会在圣贤开出的人生大道面前犹豫。

如何选择是自己的功课。怎么树立自己的人生榜样，怎么提升自己的心性，怎么提升自己的知见？最终稳稳当当走上一条美好的、安全的、经过历史证明的大道。

人生不是多选题。越是智慧的人，越发现人生其实没有那么多选择的空间和时间，趁早上路，不拖延，要攒力气、攒知见、攒心性、找榜样，抓紧定方向。孔子"十有五而志于学，三十而立"，30岁后一直走在成圣成贤的大路上，到晚年，立德、立功、立言都完成了，人生效率非常高。而今天，我们从小追求的是分数名次，不晓得定人生方向这样的大事。所以，很多人到中年甚至晚年还是迷茫、徘徊，得过且过。按道理，定人生方向在少年时就应该完成，基础教育却没有给到。

相比而言，语数外的分数没有那么着急，口才课、钢琴课也没有那么着急。而人生的必考科目却不能不学，考分越高这一生越幸福。很多人学业是高分，人生却是低分，一生过得痛苦不堪；很多人学业一般，人生获得高分，一生成功且幸福。真正的"学霸"最擅长的一科，就是人生，其他学科都是辅助人生的。好比开车，会也好，不会也没关系，可以找司机，不是必修课。

这个时代很少有人跟你谈这些人生的话题，只是告诉你快挣钱，上大学，找工作，少有人对你的人生负责。但我们自己要清醒，要想明白在人生道路上，要做"学霸"还是"学渣"。

03《道德经》基于天地之道

"道"说的到底是什么

《道德经》讲了很多人生智慧和人生妙招，这些都是基于大道而建立的。在《道德经》中，道的使用量非常大。那么，这个道到底说的是什么？

归纳一下，供大家参考：

第一，道是指形而上的实存者，是构成宇宙万物的本质、本源。《道德经》中有很多这样的语句，比如：

> 道可道，非常道；名可名，非常名。无，名天地之始；有，名万物之母。
>
> 道冲而用之或不盈，渊兮似万物之宗，湛兮，似或存。吾不知谁之子，象帝之先。

谷神不死，是谓玄牝。玄牝之门，是谓天地根。绵绵若存，用之不勤。

有物混成，先天地生。寂兮寥兮，独立而不改，周行而不殆，可以为天下母。吾不知其名，字之曰道，强为之名曰大。

宇宙万物从道中来，道生万物，这是老子的重要思想。万事万物的来处，一直是人类的重大追问之一，中国文化给出的答案，是道。圣贤这样的回答，有效阻断了人们争辩"鸡生蛋还是蛋生鸡"这样的戏论，让人把目光更多地放在"鸡蛋怎么好吃"上。至于说到万事万物的本质世界，则是空性的，天下万物生于有，有生于无，那个"无"就是道。

第二，道是指宇宙万物发生、存在、发展、运动的客观规律。比如：

昔之得一者，天得一以清，地得一以宁，神得一以灵，谷得一以盈，万物得一以生，侯王得一以为天下正。

反者道之动，弱者道之用。

道生之，德畜之，物形之，势成之，是以万物莫不尊道而贵德。

天之道，损有余而补不足。

宇宙是变化的，变化是有规律的，这个规律就是道。我们活在现象世界，它无外乎由三部分组成：人、事、物。现象世界的背后一定有本质世界，本质世界的存在不能脱离现象世界，两者相互依存。

第三，道是指修身治国之道。比如：

> 是以圣人处无为之事，行不言之教。
>
> 生而不有，为而不恃，长而不宰，是谓玄德。
>
> 道常无为而无不为，侯王若能守之，万物将自化。
>
> 上士闻道，勤而行之；中士闻道，若存若亡；下士闻道，大笑之。不笑不足以为道。

这里的道偏重于用，用来修身、治国。圣人不是为了描述自然现象，而是为了解决问题，应病与药。

第四，道是指人类社会的一种准则、标准，通于德。比如：

> 上善若水，水善利万物而不争。处众人之所恶，故几于道。
>
> 功遂身退，天之道。
>
> 为学日益，为道日损，损之又损，以至于无为。
>
> 吾有三宝，持而保之。一曰慈，二曰俭，三曰不敢为天下先。
>
> 善为士者，不武；善战者，不怒；善胜敌者，不与；善用人者，为之下。是谓不争之德。

天之道利而不害，人之道为而不争。

这里所谈的道，指的是德，正确的做法、行为、标准，这个道已经转到德用了。

归纳来看，《道德经》中关于道的论述，这四种情况都有。讲了天地未生之前的道、天地已生之后运行的道、修身治国的道、落地为德用的道。

圣人为何说"道"

圣人为什么要从各个角度来说"道"？圣人是在思考天下到底为什么乱，从哪里能治理回来？所以，《道德经》一直是治世之学。

同样，企业领导者学好用好《道德经》也很有必要。这部经告诉我们，企业为什么会乱，该从哪里解决？道是理论构建，原理分析；德是实用部分，落地实操。

老子生在鹿邑，求学于洛阳，后任周守藏室之史，以博学闻名。春秋末年，天下大乱，老子弃官归隐，悟道、讲学，后出函谷关。他一方面博览群书，一方面生逢乱世，作为圣人，他在思考如何化解危局。这是《道德经》成书背后的原因。

先入圣贤心，再入圣贤道，再解《道德经》。这个道，前面讲了四种情况，往下就具体落到了思维方式的建立。圣人发现，治天下先治一人，就是核心的那个人。

《孝经》说:"一人有庆,兆民赖之。"张蕴古在劝谏唐太宗的《大宝箴》中说:"故以一人治天下,岂为天下奉一人?"中国古人很早就发现,如果想要天下大治,首先要从那"一个人"身上发力。在《道德经》中,"一人"就是圣人、侯王,如果这些人能够悟道、用道,天下就太平了。一家企业要想做得好,领导者最应该学习。《道德经》讲的治天下核心的法,就是从这一人开始起修的。

> 生而不有,为而不恃,功成而弗居。
> 生而不有,为而不恃,长而不宰。
> 善利万物而不争。
> 上德不德,是以有德。
> 以百姓心为心。
> 利而不害,为而不争。

想天下太平吗?想企业良性运转吗?想家庭和谐、子女成才吗?道在其中。"生而不有,为而不恃,长而不宰",天地生养万物而不据为己有,推动万物发展而不恃有功,使万物生长而不去掌控,这十二字就是管理的核心之道,就是圣人治天下的道。如果你能做到,你的企业必然兴盛。

比如说"长而不宰",在团队里工作的员工,没有感觉领导在控制他们,他们很自由,工作很努力。领导很努力地帮助他们、培养他们,但领导从来没觉得这是自己的功劳,只觉得这是分内之事。

领导只是一个陪伴的人,结果发现团队反而越来越好带。"长而不宰",既然圣贤说了,我们为何不去一试?挑战自己就是创新,突破过去就是成长。

领导者"不有、不恃、不宰",企业会不会乱?不会。去年企业家朋友来我们学校参加企业文化研讨,正好赶上学校的军训周结束会演,大家看完很受感动,问我怎么做的。对于军训周,我只给了主题——"我们都是预备役",具体怎么搞我也没过问。我的重点就是抓发心、抓思想,对于那些具体事宜基本就是"不有、不恃、不宰"的状态。他们在工作中自由绽放、自由发挥,每个人都是自己的主人。

"生而不有,为而不恃,长而不宰",难点在于需要领导者空有兼备的大发心来支撑这个大道。稻盛先生提出八个字:"动机至善,私心了无。"在"有"这一门,领导者有愿、有担当、有付出,愿意对员工"生而、为而、长而",善利万物,以百姓心为心,勤奋敬业;在"空"这一门,领导者私心了无——不有、不恃、弗居、不宰、不争。这是治理企业的最高境界。

空有兼备的发心展现出的管理,就是无为而治。无为不是不作为,是大作为之后的无为,是大进大退、大有大空、大刚大柔、大担当大谦让。

不是企业治理不好,是我们的境界没到。治天下的根本在一人,这是中国文化的独到之处。"一人有庆",具足福慧的领导人秉持一颗空有兼备的发心,"生而不有,为而不恃,长而不宰",引领百姓安居乐业，就可以"兆民赖之"。有这样境界的董事长，企业必将有序发展。

《道德经》成书于两千五百多年前，那时古人还没有明确提出"空有相即"的原理，也就是《心经》所说的"色不异空，空不异色"，但已经有了"道之为物，惟恍惟惚。惚兮恍兮，其中有象。恍兮惚兮，其中有物"的相似表达。

空有本是一体，是可以同时兼备的。现在治理企业的主要问题是空有两端都不足。在"有"上发力不够，没有"生而、为而、长而"，没有善利万物，没有勇于担当，没有以百姓心为心；而在"空"上又没有尝试，总想据为己有，总想彰显成绩，总想去掌控，企图获得安全感，不知不觉形成了坏习惯。

这都是我们道行不够造成的，对生命没有更深的体证。所以，在"空"上空不掉，在"有"上又立不起来。这种情况下做企业就会很累，尤其大到几万人以上规模时就做不动了。这"一人"境界不够，董事长修为不足，企业不能善治。

《道德经》曰："合抱之木，生于毫末；九层之台，起于垒土；千里之行，始于足下。"这启示我们，学习中华优秀传统文化，有的时候会觉得遥远，不太容易做到，但这正是激发我们斗志的时候。千里之行，始于足下，就在当下；同时也告诉我们，始于足下的时候，也必须志在千里，当我们看到圣贤境界，也正是我们立志之时。

用《道德经》回看我们党的百年，会发现党的初心、宗旨和大政方针充满智慧，合于大道。"全心全意为人民服务"是党的根本宗旨，就是利众，就是大担当，就是"以百姓心为心"，就是"生而、为而、长而"。1944年10月毛主席在接见新闻工作者时指出："三心二意不行，半心半意也不行，一定要全心全意为人民服务。"1945年4月在党的七大题为《两个中国之命运》的开幕词中，毛主席说："我们应该谦虚、谨慎、戒骄、戒躁，全心全意地为中国人民服务，在现时，为着团结全国人民战胜日本侵略者，在将来，为着团结全国人民建设新民主主义的国家。"在政治报告《论联合政府》中，毛主席强调："全心全意地为人民服务，一刻也不脱离群众；一切从人民的利益出发，而不是从个人或小集团的利益出发；向人民负责和向党的领导机关负责的一致性；这些就是我们的出发点。"也是在党的七大，"中国共产党人必须具有全心全意为中国人民服务的精神"这句话被写入了党章。"全心全意"，完全是无我忘我。这样一个伟大的政党，注定成功。

20世纪30年代初，国民党不仅残忍杀害了毛主席的妻子杨开慧，还去挖毛主席的祖坟。而1949年解放军占领奉化的时候，毛主席指示："要告诫部队，不要破坏蒋介石的住宅、祠堂及其他建筑物。"1956年，通过曹聚仁转交给身在台湾的蒋介石一封信，毛主席写了这样一句意味深长的话："奉化之墓庐依然，溪口之花草无恙，欢迎蒋先生在祖国统一后，回家乡看看。"

这是怎样的心胸，并没有小我的恩恩怨怨，祖国的利益高于一切，人民的利益高于一切，这就是我们伟大的党。"我将无我，不负人民"，以天下为担当，毫不利己，专门利人，全心全意；同时，不有、不恃、不宰、不争。就这样带领人民，不断克服困难，从胜利走向胜利。

"一人有庆，兆民赖之"的治理模式是典型的内圣外王，而且把发力点放在内圣，外王不是对外称王称霸，是通过服务大众而建立功业。企业领导者内在的福德智慧越大，对外服务的水平越高、范围越广，事功越大。这是企业家需要特别着力的地方，也是最难之处。

"无为而无不为"，这句话考验的是领导者内圣的功夫、空有兼备的发心。在内圣的世界里，有利众的大愿，以百姓心为心，善利万物，在因上不断努力；同时在果上不执着，修到无我的境界。

"人法地，地法天"，大地承载万物，大地无私；苍天润被万物，苍天无私。人应以天地为榜样，把小我的私心"损之又损"，不争、不有、不宰、不恃、不害，以无我而成就内圣。圣人治天下，内在修的是无我，这是无为而治的一个显著特征，或者说无为之法就是给修无我的人使用的。当内圣功夫有了，就可以外王了。外王和一般的管控不同，如《道德经》所说：

处无为之事，行不言之教。

为无为，则无不治。

居善地，心善渊，与善仁，言善信，正善治，事善能，动善时。

侯王若能守之，万物将自化。

挫其锐，解其纷，和其光，同其尘。

这都是外王的功夫。中国文化中的管理智慧，更多强调了领导者的内圣，主要有两个方向：在"有"的方面增加愿力；在"空"的方面修习无我。领导者能提高心性，自然就能拓展经营，稻盛和夫先生的一生就是很好的证明。

如果没有很好的理论基础，就让领导者去修习空有兼备的内圣功夫，这有点考验人。所以，提高境界首先要增长知见。境界靠知见来支撑，领导者要知道境界背后的知见是如何建立的。当我们内在开始修无我的时候，外在自然会随缘而动。缘如何变，你就如何变。

比如，管理企业到底应该刚还是应该柔？其实，刚柔都是方法，要随缘，缘需要柔你就柔，缘需要刚你就刚。这些听起来很难，修好无我就不难了。就像水一样，能柔、能刚、能方、能圆。无我的人可以随缘而动，随缘而变，随缘而利众，获得无牵无挂的自由，活出超凡脱俗的境界。

修无我的企业领导者在企业中永远是变化的。企业管理是一种道，只学方法不容易学明白。每一种方法都是在当时的缘起下产生的，忽刚忽柔，忽智忽愚。道是不变的，方法随缘而变。先悟道，再学习、借鉴方法。

教育同样如此。教育不是管，也不是不管，这是教育的根本之道。当教育儿女需要严厉时，你就很严厉；当教育儿女需要温柔时，你就很温柔。你是一个既严厉又温柔的父亲或母亲。"生而不有，为而不恃，长而不宰"，这十二个字真是家庭教育的妙道，是家庭教育的最高境界。

为什么教育不是管也不是不管，有几个原因：

第一，孩子不能管一辈子。或者说，如果我们什么都管，也未必管得正确。孩子在人生中会遇到很多选择，可能会犯错误。不要怕孩子犯错误，小错误无所谓。很多人宅心仁厚，一生过得挺好；很多人处处精明，一个大错误就栽了。孩子这一生真正的大事有：择志、择师、择业、择偶、择友，这些决定了孩子一生的成败，对待这些问题要慎重，其他都不用太担心。

如何保证孩子在重大抉择上不出问题？父母包办代替肯定不行，况且也未必抉择正确，最好的处理方法就是"生而、为而、长而"。孩子虽然年龄小，但他有自己内在的世界，他有与生俱来的善根和智慧。从知识层面来看，小孩子是一张白纸，不教就不会，可是从内在世界来看，每个孩子都是带着种子、带着善根来的，甚至孩子的善根可能还会超过父母。很多家长认为孩子完全是一张白纸，这其实是教育认知上的重大错误。孩子既然带着饱满的种子而来，就具备将来独立抉择的能力，成为一个独立的人，活出自己的美好人生。

教育不是替代，不是制造，而是培养。培养指向孩子本有的善根，父母"生而、为而、长而"，就是把孩子的善根发出来，使之茁壮。帮助孩子不断成长，建立起正知正见，就像给种子合理地浇水施肥，养成粗壮的大树一样。

父母还要懂得适时撒手,"不有、不恃、不宰"。为什么要适时撒手?因为这符合生命的本来规律。孩子未来的命运轨迹和父母的命运轨迹未必一致,全靠父母的智慧未必能洞明世事。孩子需要被尊重,需要练习独立决策。一个从小没有被尊重的生命,是很难独立于天地之间的,也不会有真实的快乐。

所以,教育既不是不管,也不是管,这是教育的根本之道。父母要不停地"生而、为而、长而",这是父母的责任。陪他聊天,一起读书,一起运动,一起去听音乐会、看画展,而不是絮絮叨叨,不是强制。要相信孩子本有的力量,去培养他,然后适时放手。"不有、不恃、不宰",锻炼他,直到他可以独立抉择。

"师哉师哉,童子之命也。"好父母、好老师就是唤醒孩子、激发孩子的人。适时放手,学会祝福孩子,养成祝福的习惯。只要不是原则性的事,就要祝福他;原则性的事,坐下来看一看,通过这个机会增长智慧。在没有进入社会之前,让孩子经历足够的磨炼才可以。把他保护得太好,进社会之后一点智慧都没有,那他会摔跤的。

"生而不有,为而不恃,长而不宰",跟父母的修为有关。父母越无我,孩子越幸福;父母执着越重,孩子越痛苦。父母的自我最容易伤到的是亲人。

我见过一个婆婆,是退休的公务员,跟她聊了半小时我都快受不了了。她说话很霸道,儿子蔫蔫的,儿媳妇得了大病,一个人伤全家,她自己还没有觉察,感觉自己很有能力。我劝说她,您能柔和一些吗？她说，不行，家里人这么让我操心，我能柔吗？她觉得自己什么都对，可家里人就是不开心。

传统文化告诉我们，当刚则刚，当柔则柔。如果一个人能修无我，周围的亲人会如沐春风，跟他在一起感觉非常好。这种人习惯说两个字——"好的"；而自我重的人习惯说另外一些词——"不是""不对"。

就算遇到分歧，无我的人总会有变通的方法。不修无我的人，不知不觉就开始掌控了。一结婚就开始掌控、绑架，到最后彼此受不了，于是离婚。如果能修无我，婚姻幸福很容易。其实，婚姻里谁都不属于谁，只是介绍身份时为了方便——这是我先生，这是我太太，代表一种社会关系。不能把你太太变成你的太太，她不归你，这么想就想开了。

现在的社会，为什么离婚率这么高？就是人在年少时没有学过无我，为别人着想的精神不够。结婚后自私遇到自私，不离婚就怪了。所以，一个人未来婚姻好不好，从年少时的性格就能看出来。凡是不为别人着想，没有点无我精神的人，婚姻很难幸福。

道，不仅用在天下，用在企业，它随处都在，随处可用。无我，是一个人修为的最高境界，哪怕能靠近一点点，人生都有很多改善。修无我的人，可以随缘而行。这个缘，可以是父母，可以是伴侣，可以是儿女，可以是下属，可以是领导，可以是客户。我们通常会赞美这样的人情商很高，其实不是情商，是内在的修为很高。不是一种伪装，不是一种伎俩，是大智慧。

圣人在追求什么

圣人修无我、利他，一心为别人着想，为家人着想，为同事着想，一直"生而不有，为而不恃，长而不宰"。那么，他在追求什么？是什么在支撑着他？这是一个大问题，如果能想清楚，你也会选择走圣人路。

世界上发生的很多错误，就是在自私或者利他这点上颠倒了。首先，圣人与众人不同之处，是圣人有大慈悲心。这大慈悲心让圣人在做事的时候，自然会去利他，希望人人幸福，天下大同，这也是所有圣贤的共同追求。

基于此，老子写《道德经》，孔子讲《孝经》……圣贤在这个层面的追求都是一致的，以真理为明灯，指引人类走向幸福。不止于此，圣人修无我，还有更深的思考，涉及对生命的终极理解。

我们对生命该如何理解？一个普通人，他遇到的外物可能是名，可能是利。因为没有受过传统文化熏陶，本能地想去抓取，据为己有，这也是一个普通人的正常思维。在现象世界里，结果或是得到，或是得不到。

当他得到的时候，贪心也在不断增长，未来一定是苦。因为他在得到的同时并没有发现得到的过患，只能看到眼前想要的名和利，这就是"惑—业—苦"的链条。如果得不到，会生嗔心，嗔心也是苦。所以，无论得与不得，结果都是苦。你得到，你也跑不了；你得不到，你也跑不了。依靠这个途径，解决不了人生痛苦的问题。

苦不可能在外境中解除,除非你能解开自己的心。

当然,我们不是让大家都不要外物,都不过生活了,是要学会合理地生活。正如《道德经》所言,"君子为腹不为目","腹"代表正常需求,"目"代表还想要,我们要为了肚子吃饭而不是为了眼睛吃饭。圣人告诉我们,人与外物的和谐状态,是基于需要来取用,而不是基于想要而无限抓取,这样会增长人的贪心。

所有外物都有一个共同特征——无常。无常代表变化,所有你追求的外物,得到是暂时的,失去是必然的。"黄粱一梦""南柯一梦""红楼一梦",都在说无常。外境外物就是这样,实际存在,同时也无常,这是事实,你不接受也得接受。所有一切都不可能一成不变地陪伴你,包括你的身体、你的公司、你的车、你的钱。应该加一个"暂时",你暂时的公司,你暂时的车……哪一个真是你的?只是给你用用罢了。为你所用,非你所有。

圣人的活法是"为学日益,为道日损",不让外物给自己增加贪心或嗔心,从而化开了苦。为道日损才是正确的人生。真正的快乐不在贪嗔痴当中,把贪嗔痴化掉,"损之又损",最终实现无我,无我为大乐。圣人修无我,不只是一种境界,还是对生命更高的追求。

圣贤之道,所求的重点是内在,这也是稻盛和夫和一般企业家的差别。一般企业家看重的是成为五百强,而稻盛和夫先生一直在讲磨炼心性,创立京瓷、KDDI,拯救日航,都是他提升心性的方式。如果我们的贪心在财富的追逐中越来越大,要抓紧回头,学做圣贤。

圣贤跟普通人的方向差别很大。圣贤内知心，外知物，知内在的心性珍贵，知外在皆无常。所以，人最重要的是保护自己的心，护住了心就护住了命。我们每天在外境中穿行，外在一切都是无常的，不要狂追不舍，要时刻保护好自己的心。当然，我们要正常为外界服务，为他人祝福，尽力为别人带来一些温暖，这是应该做的事情。但只有回归内心，才能得到真正的安乐。

圣贤的生活是一种美好的境界，所以中国古人立志做圣贤。对外，圣贤"生而、为而、长而"给世界带来安乐，利益千家万户；对内，圣贤也解决了个人的问题，从惑、业、苦中解脱出来，回到无我的世界，寂静快乐。这是人生完整的合理设计。

孔子说："逝者如斯夫，不舍昼夜。"生命像流水一样不舍昼夜，一直往前走，幸福就在每一个当下。烦恼、痛苦、纠结不是因为外物，而是没有看透，一直想掌控、想拥有，没有和外物保持融洽的关系。拿出更多的时间让自己的心得以回归，得以宁静，没有烦恼，没有恐惧，远离贪嗔痴，远离自私，回到无我，你会发现心每回来一步，幸福就多一分。

这样对人生做整体梳理之后，再来看《道德经》，就明白圣人的心意、圣人的思维方式，也就容易入圣人之道。这样生活，不仅自己幸福，还能治理企业。先修自身，无为而无不为，把员工带得非常好，而不是急着处理谁。

善利万物而不执着，所以"生而不有"；祝福一切而不掌控，所以"为而不恃"。做一个利益他人的人，同时在自己的心上努力。什么都肯担，什么都不求，随遇而安，做个上善若水的人，过着空有兼备的人生，走向美好的境界。这样，我们和《道德经》也就越来越亲近了。

04《道德经》倡导无为之法

无为之法的管理模式

《道德经》倡导无为之法的治理之道。比如,"处无为之事,行不言之教""为无为则无不治""道常无为而无不为",这样的经句大量出现。无为之法到底是什么?为什么《道德经》反复提出无为之法这样的管理模式?无为之法和现代企业管理有什么关系?

楼宇烈先生讲无为之法时说:"无为而治有相当现实的意义。我们首先要搞清楚什么是无为而治,无为而治不是无所作为。在我看来,无为而治比所谓的作为更难,为什么呢? 道家讲的无为而治,即不要用主观去干涉客观的事物,要充分把握客观事物发展的趋势,然后顺应这种趋势,推动世界的发展。在推动世界发展的过程中,可以实现人的愿望,这是更高级的无为,所以叫作'无为而无不为'。"无为而治是道的运用部分。

楼宇烈先生又介绍了《淮南子·修务训》中讲到无为的几句话："若吾所谓无为者，私志不得入公道，嗜欲不得枉正术。""循理而举事，因资而立功，权自然之势，而曲故不得容者，事成而身弗伐，功立而名弗有。非谓其感而不应，攻而不动者。"人类的意志不要影响万事万物的本来状态，个人的喜好不可以干扰客观规律。

我们学《道德经》，要观察这部经典的缘起，要入圣贤的心、入圣贤的道，才能持圣贤的法，这就是规律。如果不按规律，上来就直接"我认为"，能进入吗？世人的毛病主要在妄想、分别、执着，违背规律的那些想法就是妄想，一定要养成按照规律做事的好习惯，在尊重规律的前提下运用规律。

"循理而举事"，未做事，先明理，以理摄事。理不明，事做不明白。"因资而立功，权自然之势"，用的是自然界本身的法则，成事以后，依旧不要去把控，因为万物皆非我所有，不恃、不宰本身也是自然之道。人有控制欲，总想打破自然规律满足自己的欲求，而在自然规律面前一次次失败。所以，中国人讲，要认知道、遵循道、运用道。老师负责传道，"师者，所以传道、授业、解惑者也"。传道，先把规律告诉学生；授业，教学生用道来做事，"循理而举事"；解惑，学生学得不通透，用得不娴熟，老师需要辅助他。学道、明道、悟道、证道，道贯穿人生始终。天下为什么大乱？人生为什么痛苦？皆因非道造成的。

古人希望后人可以避开"惑—业—苦"的人生险境，所以"文以载道"，用经典承载这些智慧，代代传承。比如孝道，不是只有农耕时代需要，到互联网时代就可以丢弃了。中华道统是为了护佑子孙幸福平安。中华民族凭什么能走过五千年？这是一个一直在传道的民族。修身有修身之道，齐家有齐家之道，治国有治国之道，治企业有治企业之道，幸福有幸福之道……未曾做事，先学道，这是中国人的思维方式。所以，出现老师这个职业，负责传道。今天，传统文化教育中断了两百年，老师不知道，学生不学道，所以，走一走往往就出问题。

无为不是不作为，是告诉我们，我们是非常尊道重道的民族。无为是不胡来的意思，不妄想，不干扰，不造作，如《道德经》所说"辅万物之自然而不敢为"。"辅万物之自然""道法自然"，我只是尊重事物的本来规律在做事，并没有加上个人的私欲、私志来干扰。比如，我们培养了一批学生，对社会很有贡献，请问，这批学生是不是我培养的？是，也不是。说是，我确实做了一些工作；说不是，学生本身自带这个种子，我没有干涉，没有越位，没有掌控。不是我创造了人才，我只是培养了人才。这个过程与从葵花籽长成向日葵是一样的。葵花籽很小，经过我的培养，成为向日葵。向日葵不是我制造出来的，是大自然长出来的，很美。但这些美在种子上看不见。种子里有花，有叶，什么都有，但什么都看不见。这就是大自然的伟大。

圣人怎么治天下？用管制吗？用逼迫吗？都不用。圣人发现每一个人都有本善的种子，这是圣人的第一发现。然后，圣人就在怎么把种子培养成花果上发力，中间的部分就叫无为之法，也叫道法自然。

无为之法不是什么都不做，无为之法也不是乱做，是尊重事物的自然规律、运用事物的自然规律。像辅助种子变成向日葵一样，培育百姓的本善种子，让百姓尊道贵德，人心向善，安居乐业，天下大治。

西方现代"管理学之父"德鲁克说："管理是什么？激发和释放每个人心中的善意。"这句话已经有无为之法的味道了，东西方管理在这个点上交会了。管理的本质其实就是激发和释放每个人心中的善意，这个善意是先天本有的，领导者只需要无为。

一家企业要使用无为之法，领导者有两个重点：第一，你必须相信每个人天性本善。第二，你必须下功夫去激发和释放身边每个人的本善。让你的每一个员工、每一个同事，包括你的孩子，都像花儿一样绽放，"道法自然"。不要说员工不好带，是你没有看到事物的规律，或者不太会运用这个规律。你不会无为，总想有为，总想超越时间、超越规律。

办学校需要老师，懂心性教育的老师很难找，怎么办？首先要选那些种子，无为而治，把他们培养成最优秀的老师。很多企业觉得培养人周期长，不想走这条路，总希望把别人家的花搬过来，变成自己的花。结果到后期走不动，行不通。

这是中国文化，是从天地自然发现的规律：既然花能开，人就可以变好，人带着变好的种子。

在单位遇到问题的时候，我知道大概是种子需要加水了，跟员工们聊聊天，聊完他们自己就去工作了。一般来说，在管理当中，百分之七八十的人都可以实现无为而治，只有极少数人需要适当使用制度和法律。

如果全靠制度，企业没有效率，因为如果每个人不成长、不绽放、不全力以赴，那么，企业的速度起不来，就要出问题。

我在《商业问道》这本书中也讲过一些无为之法："无为之法不是不作为，最关键之处在于什么？用我们的慈悲和智慧去把别人的善意激发出来，用自性唤醒自性，用慈悲激发慈悲，用正见开启正见。当每个人内在世界被唤醒，便可以无为。"

这段话是我对无为之法的参悟和运用。教育这个行业是典型，如果不遵循无为之法，一定会破坏孩子的天性，会伤害孩子。如果父母和老师都善于使用无为之法，每个孩子就会像花儿一样绽放；如果父母和老师只是一味管控，孩子就会像花儿一样枯萎，甚至选择离开。一个美好的种子来到这个世界，带着美好的心愿，最后却不能绽放。他的世界很苦，他说声再见，走了。

为什么这么苦？因为作为老师和父母，没有尊重大自然的规律。孩子想不想绽放？想不想看到自己的美好？想不想享受人生的庄严？想。可作为陪伴者，老师和父母却不懂这些，他能绽放吗？能庄严吗？能美好吗？他能不痛苦吗？会不会抑郁？

目前，青少年抑郁的概率越来越高。我们不研究生命，谈什么教育？我们不尊重生命，谈什么教育？育人之道，贵在道法自然。这是我从事教育工作苦苦参悟的。做管理，道理是一样的，只是成年人稍微难一点，有时不得不使用制度和法律。对小孩子，只要不去破坏他的天性基本上可以道法自然。有些六岁的孩子已经被破坏了，想来学校读书，一面试就过不去。父母不知道什么是管和不管之间，不知道什么是道法自然。

中国有传承了千年的育人之道，这个民族对生命极其理解和尊重，只是今天很多老师已经不知道了。我不关心学生考第几，我只关心每一朵花是否如期绽放。只要绽放，我就履行了责任。到底如何来观察一个孩子？如何陪伴他，让他成为最好的自己？如果每个学校都能道法自然，无为而治，青少年抑郁的概率会很低。问题的根源是我们缺少对传统文化的学习。学习中国文化，只要开始就为时不晚，就能从过去的错误中慢慢退出来。教育是培养，是唤醒，不是管控或刷题。只有被唤醒的生命，才可能真正成为栋梁之材。

企业如何运用无为之法

无为之法是在内圣的情况下出现的，换言之，运用无为之法的前提是内圣，无为之法的运用是外王。一般来说，能运用无为之法的企业，领导者一定是修心性的，对生命有很高的追求。所以，无为之法为什么在管理学界没有被大量推行？不是法有多难，而是忙着挣钱的人太多，忙着成圣贤的人太少。没有内圣，外王做不出来。

所谓内圣，不在于外表，在心，是心成圣贤。领导者如果想使用无为之法，必须立下圣贤之志。方太集团茅总的办公室有一行字：

"无为而无不为",以此自我勉励。方太集团践行"五个一",第一条就是立一个志,茅总本人的志向是成圣成贤。

外王,领导者一定是道法自然。他对自然之道有很深的观察、领悟和运用,非常尊重事物的规律,不打妄想、不投机、不逾越,稳稳当当遵循规律走。他一定经受过道德学习和训练,他的所有思维都是跟道相关的,做事是依道而行。他用人重点看心性,一培养就上来了。这个人现在可能看着不行,不要紧,带两年就带出来了,因为他有预测功夫,而不是只看现象。对自然之道的运用非常清楚,才能外王。

在学校我用了四个方法,总结为四句话:"以梦想点亮梦想,以心灵呵护心灵,以行动引领行动,以人生成就人生。"这是我们学校的做法。这些不是口号,是老师们的行动纲领,形成了学校的基础管理文化。这四句话我做一些说明。

第一,"以梦想点亮梦想"。这里的梦想不是私欲,是私欲就不成立。很多企业所谓的梦想,其实是领导者个人的野心。梦想不是私欲,在概念上不能偷换。只有你的梦想是为社会和员工的时候,才是真正的梦想,落实在企业手册里就是使命和愿景。

第二,"以心灵呵护心灵"。企业领导者不能放纵自我,因为伤害人心最狠的是自我,所以,要修慈悲、修无我。一旦你放纵自我,一定会伤害别人,而且你还会为自我找理由——我是对的。有人说,员工犯错不能说吗?在慈悲、无我的情况下,你骂他都行,他不受伤,反而会感谢你。这不在于形式,在于你的内在。

第三,"以行动引领行动"。领导者必须担当,要做员工的主心骨。不需要事事操心,但大事必须出头,关键时刻领导者必须挺身而出并且挺住。

第四,"以人生成就人生"。这点是最难的,领导者自己必须有正确的人生。如果你不了解什么是正确人生,这条根本不成立。作为领导者,自己必须学人生、悟人生,最后立人生。我们把自己的人生搞好了,才可能成就员工的人生。不是成就别人很难,是成就自己很难。过去,我们并没有花很多精力学习人生,这次学明白了,回到企业,再去成就员工的人生就很快了。员工渴望美好的人生,你教会他怎么去实现,就是无为而治,要做这样的领导者才行。

为什么无为之法不容易?因为这样的领导者——有真实梦想的、能修无我的、敢担当值得员工依靠的、人生理得很明白的领导者目前还不多。只有具备这些条件,无为之法才能推行。

运用无为之法,还有一个更大的挑战——打破我们过去的商业思维。真正的事业,其实只有两件事:一是成就自己,一是成就他人。你的人生在这里安立的时候,你的事业才能调准。我们做一家公司,既不是为了上市,也不是为了发财,而是拿来成就自己和成就他人,像稻盛和夫那样。企业也是无常的,但如果你用企业来成就他人,这个企业可能一百年还很兴盛;一旦你成就了自己,人生就是永久解放。成就他人,不是成就他人的欲望,而是成就他人的幸福;成就自己,不是成就自己的野心,而是成就自己的心性。我们只有把事业调回到这个航道,才敢谈圣贤文化,才敢谈道,才敢谈无为而治；如果在过去的路上狂奔，传统文化用不上。

重新审视自己的事业，我到底在做什么？在办公司吗？在扩张吗？在赚钱吗？这些都是现象。真正的事业就是成就了别人，又成就了自己，其他都是过程、方法、方便。真正高级的商业只有一条路，即商业圣贤，其他的路到后来大都越走越窄，能力强，人脉广，资源好，也没用。从商一辈子，伤自己一辈子，因为原始设计就是错的。

所以，我们通过学习《道德经》，人生有了很多更深的思考，"无为而无不为"的境界是存在的。后人想进入这样的境界，必须调准方向。

以梦想点亮梦想，因为你的梦想是正确的；以心灵呵护心灵，因为你一直在修无我，在修慈悲；以行动引领行动，因为你这一生在奉献，在担当，在善利万物；以人生成就人生，因为你的人生已经被点亮了，已经回归正道，自然把别人带领过来。管理不是管，是带领，往正道上带领。如果每个企业都这么做，企业善治，则天下大同。回到这个频道，企业才可能真正基业长青。

运用无为之法的企业，有没有制度？有没有系统？有没有薪酬管理？有没有会议？有没有流程？都有，一个都不少。唯一修改的是原始设计，领导者成为追求内圣的人。没有对企业大动干戈，只是自己的人生知见发生了变化，企业还是这个企业，但内在完全变了。

《道德经》是给行大愿的人使用的，好多人用不出来，是没有圣人之愿。所以，第一步是入圣人心。圣人不是消极避世，而是慈悲济世，但是他进中有退，有中有空，大愿中有无我，行的是大进大退之法。进退都在当下，当下即进，当下即退，空有相济。先有善利万物，然后才敢谈不争，功成身退。《道德经》这样的书，恐怕我们一生也学不完，但是不要紧，只要每次所学都能受益，就没有白学。

在《道德经》中，中国文化这种辩证统一的思想特别明显。热情满怀又恬淡安然，充满力量又与人无伤，胸怀天下又功成身退，和光同尘又毫不染着，这是中国人的文化。空有兼备，辩证统一，大有大空，合于中道。现代人愿力不足，所以不起大用，在无我上没有修，所以也没有空性之法。

至刚至柔的水，有情又无情的天地，这就是我们中国人的文化。说起来太复杂，归结为一个字："中"。"中"是什么状态？它是动态的，进多了就退一退，退多了就进一进。生命是一个过程，所以，不要把生命静下来，可以静下来的是心，心要回归。但心的静止、回归又不是无情的，心如果落入无情枯槁，又不是传统文化了。完全回归的心是寂静又充满生机和光明的。

《道德经》反复在说这些辩证统一、合于中道的境界，慢慢地，我们对这些境界也能有所体会。体会以后，做大事而不累，利万物而不争，该做就做，该退就退，进退自如。你看稻盛先生，说进就进五百强，说退转身就出家，今天还是董事长，明天托个钵去了。内心没有挂碍，所以很快乐，不在外境纠缠。只有这种大境界才会有这样的大手笔，大开大阖，内在是靠知见支撑的。《道德经》是需要品味的，而这种境界吸引我们无限地去探求圣贤的道、圣贤的心，难得。

05《道德经》蕴含人生之智

破除二元对立

本书解读《道德经》的基本框架是四层：圣人之心、天地之道、无为之法、人生之智。老子出于大慈悲心，希望天下大治，百姓安乐，所以借天地之道，喻济世之理，待有为之君，行无为之法，扭转危局且拂衣自去。从心—道—理—法，一重重开显，一层层落地，最后具象为运用者应对进退的人生智慧。

接下来我们借用经句，重点解读《道德经》中的人生之智。

天下皆知美之为美，斯恶矣；皆知善之为善，斯不善矣。故有无相生，难易相成，长短相形，高下相倾，音声相和，前后相随。是以圣人处无为之事，行不言之教。万物作焉而不辞，生而不有，为而不恃，功成而弗居。夫唯弗居，是以不去。

天下人都知道美之所以为美，是因为有丑的存在。都知道善之所以为善，是因为有恶的存在。所以，有和无互相转化，难和易互相成就，长和短互相显现，高和下互相包含，音和声互相应和，前和后互相接随——这是永恒的。因此，圣人以无为的态度对待世事，用不言的方式施行教化。听任万物自然兴起而不强加干涉，生养万物而不据为己有，培育万物而不自恃，功成业就不自我夸耀。正因为不居功，所以功绩不会失去。

释义不是重点，在于悟其中的奥妙。"天下皆知美之为美，斯恶矣，皆知善之为善，斯不善矣。"求善、求美是对的，但求善、求美的过程往往会带来伤害，为什么？比如说，希望孩子优秀而伤了孩子的事情并不少见。如果怕伤到孩子，不努力帮助孩子优秀，也不对。怎么办？中国文化的核心原理即破除二元对立。明白了这一点，就会处理了。

举个例子，大家学了《道德经》很有收获，回到单位马上给高层开会："你们都学过《道德经》吗？没学过。所以，你们是愚痴的。你们知道我为什么这么有智慧？因为我学过啊。"大家听了会很不舒服。你可能会辩解说，我的心是好的呀，希望他们也能学习《道德经》，而且，我在说事实啊。请注意，当我们没有善、没有美、没有智慧的时候，我们会很自卑；而一旦有了善、有了美、有了智慧，很容易引发对立，以"善美"来伤害他人。

所以，中国文化告诉我们要破除二元对立。人不仅要追求善，更应该追求非二元对立的善——"止于至善"。"至善"是非二元的，是人我一体的。这是第一层。

明白了这一层，回去开会你可能就这样说："我这个人烦恼多，这次幸运，到河南鹿邑听了几天《道德经》，特别有收获。遗憾的是我很愚痴，感觉还是没有学明白，想继续学。你们比我有智慧，如果你们来学，一定比我学得好。"没有彰显自己，学会示弱，二元对立就破了。

初学传统文化的人尤其要注意，没学传统文化的时候和人还能相处，学点传统文化还没学通的时候和谁都处不了了。用传统文化伤人的事比比皆是，错不在传统文化，在于没有修无我，却拿到了传统文化利器，借用传统文化放纵内在的自我，放大了与外界对立。我见过不少被传统文化伤过的孩子，他们的老师"很懂传统文化"，见面就是你有没有读《道德经》？你有没有读《论语》？你有没有读《弟子规》？每天就这么过日子，孩子们受不了。不少单位的员工说："老板，千万别再出去学习了，你学得越多我们越痛苦。"什么原因？没有走出二元对立。你越求善、求美，单位内部矛盾越大。

所以，中国文化讲无我，讲无为。高下没有对立，一比两伤。传统文化真正往上走是破二元的，无我，无为，归一。如果不能进入这个层面，所谓的"提升"对家人、对身边人都可能造成伤害，能力越强伤人越狠，传统文化学得越多别人越痛苦……所以，要修无我，破二元。

教育一旦进入二元对立，美就不是美的，善就不是善的，貌似很美，貌似很善而已。前不久，网上有一个视频，有些老大姐穿着挺传统的衣服，去快餐店批评正吃饭的那些年轻人，你们吃洋快餐不爱国……把那些年轻人气得不行。这些老大姐好像学了点传统文化，但这样去劝人爱国，有效果吗？只有对立。

夫妻之间也一样，个人喜欢干净可以，但用"喜欢干净"与伴侣对立，这日子就没法过。《道德经》说，"和其光，同其尘"，家里没必要过于干净。一个家庭不在于干不干净，只要过得幸福就行。当然，也不要太脏乱，把握中道就好。这里不是求善、求美、爱干净的问题，是你的对立。不能走出二元的人，学啥啥错。

我曾经犯过一个错误。当年刚举办书院的时候，我们周六周日上课，周一休息，周二到周五备课。讲课我相对比较擅长，有一次没忍住说错话了，我说："就半天课，还得备四天？我一小时就够了。"有位老师很真诚地对我说："老师，你不能这么说，你是你，我们是我们。"我立刻就知道自己错了，内心有了比较。凡事都有一个过程，他们开始是备四天讲半天，后来，慢慢就越来越高效。不要把自己当作别人，也不要把别人当作自己。

我喜欢打篮球，学了《道德经》，改变了态度。以前我们大人一打篮球，就非要争个高低输赢，累得满头大汗，输了心里还不高兴；可孩子们满场飞满场扔，二十分钟就进一个球，都高兴坏了。我心里说，这是篮球还是足球？慢慢地我才发现，这些不会打篮球的孩子才深得篮球快乐之妙，我们都白玩了。原来，打篮球的伟大秘密不在于技术，在于快乐。我跟队友们说，打篮球的快乐，不在于一定要赢，在于成就他人。看对方要上篮的时候，适当让他一步，以前我们打错了，输了就难受，赢了就骄傲。要认真，但不能较真，一较真就没快乐了。孩子们就是这么打篮球的，一直很认真，从来不较真，天天很快乐。

第二层，心里没了二元对立，但做事需要对结果负责，尽量完美。在接受不完美中追求完美，做事就合理了。接受不完美和追求完美是同步的，这也是中国文化所说的中道，偏哪一端都不适合。比如说，企业一百多人，就有三五个带不好。刚刚好，千万别奢求一百多人个个都强，这在世间不可能存在。所以，一个团队保留一定比例水平偏弱的人，这属于自然之道，道法自然。当然，一百多人，九十个都很弱，这也不行，公司要垮了。

我们自己也不要做很完美的人，绝对完美的人，不在人间。太完美，世间不容你存在，你得像人一样。当然，太不完美也不好。可以有点缺点，犯点错误，但别犯致命的错误。学传统文化不是做给别人看的，我愿意做一个带着不少缺点的传统文化人，活得自在一点。

生命是慢慢前进的过程，要有前进，但不要狂奔。可以追求美好，但不要苛求完美，否则会自责、纠结。为什么纠结？因为没有道法自然。要学会接受不完美，但别放弃对美好生活的追求。真正完美在哪里？完美的心。但这颗完美的心不是一蹴而就的，而是慢慢地、缓缓地，久久为功。所以，学传统文化的人千万不要折磨自己，也千万不要放弃自己的成长，就这样去过生活就好。曾国藩有句话,"花未全开月未圆",说的就是这个道理。

　　包括我们做事业也是,不要做十五的月亮,"月满则亏",做十一二的月亮就好,这也是人生高明的智慧。所以,有时候在员工面前,你必须有笨笨的一面,这样员工在你面前活得有尊严。不要做满,要学会后退。

　　《守弱学》说:"天非尽善,人无尽美。不理之璞,其真乃存。"人是可以犯错误的,你也是人,我也是人,改正错误就是成长,别犯大错误就行。什么是犯大错误?掉队,失去你的发心,走错了方向。人生的方向一定要正确,在正确的道路上可以前进,可以歇一歇,可以迂回一下,都行,但方向必须正确。不可能总是一路狂奔,忽晴忽雨,天道如此。未雕之玉,本真长存,这才是自然界本来的状态。

　　身边有很多朋友淳厚善良,甚至带些小缺点,很让人喜欢。看起来笨笨的人,有一种纯纯的善良,那种善良让人心很安。在生意场上遇到一个没有缺点的人,你害不害怕?我以前做过编辑,有一个职业习惯,看到错字必须校对出来。这两年心态改了,出书也好,写PPT也好,里面偶尔带个错字,我觉得也挺好,不必那么完美。所以,我的书和PPT里如果有错字,请大家学会欣赏。一个讲课让人回味、不拘小节的老师,就挺好。太完美,别人都没得帮你了。我们不仅要学会去帮助别人,也要学会接受帮助。但学会接受别人帮助和故意占别人便宜,这是有区别的。

　　"有无相生,难易相成,长短相形,高下相倾,音声相和,前后相随。"万物是相依而相生的，谁都离不开谁。这个道理在管理中有大用。烦恼即智慧，混乱即秩序，问题即前进，困难即突破，就这么用起来。此生故彼生，有此故有彼。可是，普通人有这样的固执思维：只想要秩序，只想要前进，只想到突破，只想到智慧。做企业只想要好，不想要问题，不想要困难，甚至拒绝接受问题和困难。没有长会有短吗？没有混乱会有秩序吗？自然界是相生的，不在于秩序，不在于混乱，在于我们会不会生。这个"会不会"就是道。有了道，现象就会变，这是《道德经》教我们的管理智慧。

我们想求智慧，要从烦恼中去求。拒绝烦恼，你上哪里找智慧？人老打妄想，只想要智慧不想要烦恼，只想要秩序不想要混乱，只想要前进不想要问题，只想要突破不想要困难，这就是妄想，就是非道思维。道告诉我们，不要担心，一家企业不怕混乱，不怕问题，不怕困难，怕没有道。所以，领导者要有道，这就是无为之法。无为之法不是不作为，它转一切为道用，转一切为智慧、为秩序。不怕有问题，怕没有道，这是学传统文化的人的思维。阴生阳，阳生阴，孤阴不长，孤阳不生，彼此离不开，"一阴一阳之谓道"，同步出现，相依而生。所以，《道德经》开篇就讲，要辩证思维，不要偏执一端。企业在发展的过程中出现混乱、出现困难很正常，混乱、困难都是机会，关键在于你有没有道，会不会用。

有一天，一位老师来找我："老师，我认真教学快10年了，为什么最近还会起大烦恼？"我说："恭喜你，这是你多年服务他人换来的。没有这个烦恼出现，你很难找到自己的突破口。烦恼是智慧到来的征兆。"但这些话是对学习传统文化的人说的。对于不学习传统文化的人来说，烦恼就是烦恼，甚至还是痛苦到来的征兆。

所以，生命不在于有没有烦恼，在于有没有道。有道的企业，混乱是秩序到来的征兆。混乱家家有，问题家家有，困难家家有，烦恼人人有，我们不要回避这些问题，而要把道握在手里，有道就有转的功夫。

在学校我也很能沉住气，出现一般问题我也不大管。学校的文化是"有情有义，敢想敢担"，我讲多了他们基本听懂了，哪里有混乱哪里就有担当，总会有人站出来说："校长，那块儿没人管，我担吧！"我说"行"。我的学校就是这么管理的。我只是鼓励他们发心，鼓励他们担当，同时做好身教，让自己很勤奋。一般周末出差，晚上到家都很晚了，我给群里发一下："同事们，我已经安全到达大连。"同事们一看，校长周末又没休息，我们在家怎么好意思不努力？所以，在混乱中就培养了一批善于担当的老师。但这里需要有道，如果没有道，只会在混乱中培养一帮堕落的人。我一般不替他们解决问题，只教他们解决问题的思路，在他们面前我有时变得很懒，这样他们就不得不开始思考怎样来自己解决问题。

问题就是机遇，要学会借助问题解决问题。最初海尔的冰箱质量是怎么提高的？就是在问题中提高的。海尔砸冰箱的故事大家都知道，有时候问题不着急解决，可以攒成大问题，一次性解决，员工一下就明白了。冰箱攒到了76台，把员工叫到一起，砸得足够震撼人心。所以，有时候不解决问题就是解决问题，有时候解决问题甚至需要先制造点问题。海尔从问题冰箱里看到了员工内心推诿懈怠的苗头，先不说破，一次砸开。就像水流，堤坝如果一时冲不开，可以多多蓄水，水势足了，一冲，堤坝就开了。这是道家的无为之法。阴阳本一体，所以阴阳可以互生，问题里可以产生答案。这些方法不是简单的生搬硬套，任何一种方法都是在某一种缘起下使用的。把道悟透了，心打开了，就知道在什么时候适合使用什么方法。

我跟老师们不止一次谈过这些话题。孩子们将来毕业，到社会上必须经历风风雨雨，不可能像在学校里这样相亲相爱、自在快乐。如果我们教出的孩子都那么单纯善良，到社会上遇到问题时会束手无策，所以，从老师开始就要学会应对混乱之法。我们不可能让学校保持绝对的秩序，要让学校存留局部的、相对的混乱，这样老师们才会磨炼出应对混乱的本领，并且传授给学生。

学生在我身边，有的时候我要给他铺路，有的时候我要给他挖坑，先让他掉进去再帮助他爬出来。做好这些基本训练，孩子们进入社会就有免疫力了。不怕孩子们犯错误，错误正是教育的契机，好老师很善于把握这些错误机会，让孩子们从中悟道。以烦恼、错误为契机，帮孩子们跨越，进而到达真理，而不是卡在错误中，陷在烦恼里。一旦孩子们学会走出"烦恼即智慧""混乱即秩序"的旋转门，就可以举一反三，内圣外王，终身受益。所以，不能把学校变成无菌的世界，把孩子养成温室的花朵。

在大事上我必须把握住发心，坚守正见，保证学校不出大风险。在此基础上，让学校存在一定的混乱，通过混乱来磨炼我的老师，通过磨炼老师来成长我的学生。老师们吃过苦吗？应对过困难和混乱吗？经受过内心的烦恼吗？如果他们不会给自己解烦恼，又如何帮孩子解烦恼？书呆子只会教出书呆子，孩子越学越呆，每况愈下。

包括我自己，也要和这个社会互动，参与很多事，吃苦受累，接受挑战，不能守在学校当一个闭门造车的校长。我在和社会的互动中，应对很多困难和磨炼，积攒很多经验和本领，我把这些东西教给我的老师和孩子们，那才是真本事。否则，只会以经传经、以书传书，不能把道在人生中运用出来，教出的小孩能融入社会吗？什么样的校长就会带出什么样的老师，就会教出什么样的孩子。我要给我的老师和孩子们传道，他们必须学会烦恼生智慧，混乱生秩序，问题生前进，困难生突破；千万不要让孩子们在学校事事一帆风顺，到社会一摔就倒，一磕就破，要提前给他们打疫苗。

做企业也是如此。首先，需要用传统文化改变领导者的认知模式，知道事物是相生相依，所以不用担心，学会转化。抓住那些决定企业生死的，比如使命和发心；放开一定的空间，允许局部混乱，以保持企业的活力；接受不完美，善用不完美，带领企业往前走。稻盛和夫先生说："把考验视为机会，唯有这样的人，才能在有限的人生活出属于自己的一页美丽篇章。"所以，人生要把握机遇，遇到困难还得前进。混乱即秩序，烦恼即智慧。圣贤怕自己待在舒适区，耽溺于安逸，道业不前进，所以会主动给自己加码；普通人希求万事如意，没想过可以借事悟道，历事炼心。

"圣人处无为之事，行不言之教"，圣人是这样无为的。无为是什么？按照自然本来规律的作为。运用在企业中，领导者不要担心有问题，只怕没有道——没有转混乱为秩序的道，有道什么都能转。会，是从不会得来的；动，是从不动开始的；行，是从不行练出来的。你能接受员工不会、不懂、不行，他才有机会能会、能懂、能行。关键在于领导者有没有道，有没有"处无为之事，行不言之教"的功夫，有没有"生而、为而、长而"的能力把员工转出来。这是领导者做企业的下手处，而不是整天卡在企业很混乱、员工都不行这些现象里。放眼天下，哪个组织没有问题？都存在问题，为什么有的企业死在问题里，有的企业借助问题不断发展？所以，不是你的企业有问题、没秩序，而是你的道足不足。

有的同学问："我的公司10年了都没办好，怎么办？"刚刚好，正因为过去10年没办好，所以下一个10年你可以准备腾飞了，这是你出来学道的意义。过去10年给你留下了大量的"财富"，你要善用这些"财富"；这一年过得不顺，恭喜你，你要善用这个"不顺"。烦恼人人有，问题家家有。能求道悟道，把问题转化为发展，才是高手。

我不奢望学校一点问题都没有，每一次问题到来，都是学校突破的时候。我们也是凡夫，问题来的时候，一边闹心一边提醒自己，这是机遇。把问题看作机会，不要在乎问题有多难，要关注自己的道足不足，智慧够不够。如果智慧不够，要求教于老师，求教于圣贤经典，求教于益友。问题解开了，企业就成长了。

做企业、做教育都一样，都是从不会到会。因为有不会才有会，不会和会是相生的。只接受会，不接受不会，不是道法自然，不是"处无为之事"，是你的妄想。长短相形，前后相随，这就是自然世界本来的状态。

可我们总是在妄想——事事如意多好，这种妄想在不断加重我们的痛苦。你为什么会烦恼？太执着于这个"如意"，太想去把控一切了，稍微有些失控，立刻就烦恼。我们对未来有太多超越正常的期待了，这给内心增加了很多没用的负担，这种妄想很伤人。真正学传统文化的人，不在妄想中活，而在平平淡淡中往前走，当看到烦恼、混乱、困难、问题的时候，他选择接受。接受并不是投降，他还加了善用和转化，这是功夫。

烦恼是普通人的人生常态，躲也躲不开，这就是人生。所以，人生不能做梦，要真实地生活。接受烦恼，善用烦恼，这是功夫。接受并善用在你身边发生的一切，这是传统文化所主张的。传统文化就要打破你的妄想，回归真实生活，不妥协、不放弃，转一切烦恼为自己成长的阶梯，这就是我们学传统文化真正的用处。但不要妄想学了传统文化，事事如意，圣贤可不打这种保票。

我们为什么痛苦？问题来了，不接受，所以痛苦；不善用问题，所以白白受苦。人生要学传统文化，学传统文化不是为了万事如意，而是为了看清真相，应对自如，顺逆皆可，乘风破浪。若不在道上下功夫，就不得不在现象上去追求和掩饰。

教育没有完美，我先问自己的发心，发心没问题，对得起学生和家长；育人之道没问题，对得起老师和学生。有了这个大前提，其他问题就是成长的阶梯。怕是没用的，幸福属于那些知难而进、苦中求道的人。烦恼人人有，要在烦恼中入道，在问题中成长，故无忧。传统文化，学会用就好，否则我们会被现实问题压倒。没有道的人，只说问题；有道的人，说如何通过问题获得成长。问题谈论一百遍还是问题，没有用。学传统文化的人着眼点是自己在问题中得到了什么，在烦恼中证到了什么，这是人生真正要求的东西，从而慢慢改变我们对外面世界的一味执取。

人生，不要在外境里执着，不要在得失里驻留。一切都是我们悟道的机会。逝者如流水，人生，其实就是一种活法，并没有一个所谓的终点。我在努力办好学校，办得好就是终点吗？今年有今年的问题，明年有明年的问题。生命像流水一样，在现象中不断穿行，生生死死，死死生生，所以，不要执着外境的得失成败。

为什么会烦恼？很多事情明明不可控，我们对外境却太过执着。我们既要挺身而出，又要学会适时投降，做事业要认真不要较真，要认真不要执着，否则，外境会伤到你的。这是我从《道德经》中领会到、想跟大家分享的一个非常微妙的道理。处无为之事，当进则进，当退则退。两个翅膀去飞翔，一个翅膀行愿，深爱你的事业，把事业做好；一个翅膀空性，不当一回事，像稻盛先生一样做到世界五百强，转身就放下。

人生，得，也会过去；失，也会过去。并不是说达到某个点后，我们就幸福了，就再也没有问题了。你会活，当下就幸福；你不明白，永远都不幸福。当下会活，当下就好了。要在这里下功夫，面对每一个如意和不如意的现实。如意时，好好利益别人，保护自己；不如意时，好好悟道。顺境，修福；逆境，修慧。这是人生的宝贵经验。

顺境修福更容易，比如你有很多钱，捐款就容易。逆境修慧是机遇，开启道心，让你对生命开始深度思考，不那么执着。历史上不少人因逆境而悟道，如王阳明龙场悟道。用好你的每一个顺境和逆境。人生不在于顺逆，顺逆都会过去，不驻留，不执着，往前走。

这个世界是无常的，一切都会变化，一切都会失去。无常不可怕，会用无常就好。穿越无常，超越无常，无常正是修道的地方——犹如莲花不着水，亦如日月不住空。有人不知道无常的存在，所以分外执着，因执着而痛苦；有人知道无常的存在，变得颓废而消极，这也没有用。无常就是生活的本来状态，无法改变，只有善用无常、穿越无常。不要问为什么会这样，要问你在无常中得到了什么，所有外境都匆匆而过，只有你的心往前走。要不要执着眼前的世界？要，也不要。莲花脱离了污泥，就会死；莲花变成了污泥，就会烂。怎么办？"犹如莲花不着水"就是你的生命状态。所有一切外境，不要执着。讲课不是为了个人感受，只是个人成长的过程。善利万物，内心还要不有、不恃、不宰，功成而弗居。这就是中国人的中道生活。

善用你的事业。如果因为事业累倒了，一定是你的道没有打开，不是事业累倒了你，是我们的知见不够。那我不做事业了，行吗？脱离污泥的莲花往哪里长？这些都是妄想。不逃避，而是用道来面对问题，经历这一切，体会这一切，感悟这一切。有道有心，一切都是最好的安排，当下就释然。

这些关于人生的思想自古就有，可能我们闻所未闻，从小学到大学几乎都没有系统地学习过经典，也不了解圣贤是怎么看待人生的。这个时代资讯发达，思想多元，我们无所适从，不断被各种观点绑架，又唯恐被落下。人们说以瘦为美，就都忙着减肥。瘦一定都美吗？在我看来，胖瘦都挺美，人可以给自己留点空间。定期学习传统文化，能保持觉醒。世间很少有人对你真正负责任，却不停地对你灌输着各种似是而非的观点，很多都是拿你的人生做实验，不要上当。

多年前我听到一个故事。一个湖北的企业家，企业不大，一年利润才四五十万，他把这一年的利润全部拿出来，去学国内某一种课程。我非常了解那个课程和那个老师，听到以后，内心很悲伤。这样一家企业挣点钱多么难，而学过那门课的很多企业都倒了。误导别人的恶因很大，那时候我动念，未来如果有能力，应该给企业家带来一些好课——真正能改变人生、解决大问题的课程。

中国文化改变的是我们的认知，而不是直接替你还债，它能帮你解决问题。通过听课，调整好自己，问题就能解决。不是问题太难，是我们的道不足，思维方式与事业不匹配，才是根本问题。

我们党走过百年，哪一年是没有问题的？但是我们的党一直发展壮大，一直坚持为人民服务。当我们遇到困难时，就想一想党的百年历程，想一想党为什么能够发展壮大？党有大道，初心正确、使命正确，不忘初心，牢记使命，撸起袖子加油干，带领人民不断攻坚克难。所以，你的企业如果发心正确、使命正确，你又肯带领员工不断践行使命，怕什么？

在创办学校的过程中遇到不少困难，作为领导者，如果我们的发心还在，就不用担心，多大的困难都能冲过去；如果我们的发心不在了，哪怕学校没有问题，很快也要衰落。这是学传统文化的人看问题的角度。

刚创校的时候，一个朋友每天问我，学校这么乱，你不愁吗？我说，混乱就是秩序。他说，你的心态可真好。从建校之初我就在思考，学校的生死在哪里？两个点，一个是我们的发心，一个是时运。我们要成长，必然经历很多困难。只要这两个根本点不出问题，就没有问题。办企业如果没有守住根本，只在小事上琢磨，发心丢了，大势也不观察，又能平安几时？

"处无为之事"，道法自然，用心观照这个事，顺势而为，大事必有大道。困难为什么解不开？道不足。不要在困难中恐惧，回到道上积攒力量。不要说西瓜太大切不开，是刀太短，需要换刀了；不是对着困难发愁，而是回到内在世界看看自己还缺什么。赶快听课，看书问道，改变自己的思维方式，消除自己的认知障碍，问题自然就有解了。

人生很多问题避不开，只能迎难而上。学校提出为国家培养经世大才，有人问，你有经验吗？你有师资吗？我的回答是，没有，但是必须得做。我们的党建立新中国，有建立新中国的经验吗？有改革开放的经验吗？没有，但是走过来了，成功了。在有道的人眼中，这是你必须走的路，因为没有所以才有，因为不会所以才会。而在无道的人眼中，因为不会所以不会，因为没有所以没有。最后，人生全是障碍，一生都是借口，一生都是理由。

"反者道之动，弱者道之用。"有无相生，前后相随，烦恼和智慧相生。既然烦恼已经真实地到来了，躲也躲不开，与其在烦恼里犹豫、忧愁、逃避，不如借这个机会开启智慧，这才是大事。这种思考方式就是道思维。

路是人走出来的。我们做事业不是因为有经验，而是因为应该做。当你想把事业做好的时候，没有也会变成有，没有也能生出有。这么一想，人生忽然就简单了。所以，不要受世俗思想的干扰，要学圣贤，学完胆子就大了，心就放下了。圣贤告诉我们："有无相生，难易相成，长短相形，高下相倾，音声相和，前后相随。"万物相依相生。我们要从现象中找出道、运用道，否则这只是一句话而已。会用，你的每一段经历都有价值；不会用，经历对你来说都是折磨。不会使用人生的人，顺利就沉溺，挫败就痛苦，一生都是退步；会使用人生的人，顺了就顺过，逆了就逆过，顺逆都能过，在经历中得到该得的。

管理智慧中的"不争"

《道德经》第三章：

> 不尚贤，使民不争；不贵难得之货，使民不为盗；不见可欲，使民心不乱。是以圣人之治，虚其心，实其腹，弱其志，强其骨。常使民无知无欲，使夫智者不敢为也。为无为，则无不治。

不特别推崇所谓的贤者，使人不争功名利禄；不特别看重稀有商品，使人不去偷盗；不炫耀诱发人贪欲的东西，使人的心性不被搅乱。所以圣人治理天下，纯朴人们的头脑，保障人们的生存，减少人们的贪求，增强人们的体魄，使人没有妄想、没有贪欲，那些耍心机的人就不敢妄为造事。圣人按照无为的原则，办事顺应自然，天下就不会不太平。

这段经文的核心就是"使民心不乱"。一家企业怕什么？怕民心大乱。提醒大家，我们做领导者的，在管理中千万不要去诱导你的员工，不要去搅动他们的心。如果把他们的心搅乱了，这个团队没法带。团队为什么会分裂？在出现这些问题之前，员工的心乱了。很多企业为了业绩，采用了刺激欲望的方法，暂时把业绩拉上去了，接着团队出现大问题。

之前听说国内一家做企业培训的机构，教企业如何刺激员工欲望，结果是这家培训机构内部员工的欲望也很高，团队基本每三年崩溃一次，重新再组合、再崩溃。欲望像水一样不断地涨，机构负责人不是把水泄下来，而是再造一个新术，把堤坝升高，暂时把水挡住。三年后，堤坝又被冲溃。只要你的方法有不断挑动人心的东西，那就会后患无穷。企业乱，一定是人心先乱。只见眼前之利，不见未来之害，还把这种方法叫作"管理"出去售卖。很多企业不懂心性，不看人心，不知道刺激欲望的可怕，结果学一家败一家，半年冲业绩，三年就关门。《道德经》这章告诉我们一个非常重要的管理智慧——"使民心不乱"。若再能以文化人，让民心归厚，企业就会更好。

有个历史故事，宓子治单父。

> 齐人攻鲁，道单父。始，父老请曰："麦已熟矣，今齐寇迫，令民自刈而归，可以益食，且不资寇。"三请，宓子不听。俄而，齐寇逮于麦。季孙闻之，怒，使人让宓子曰："民寒耕热耘，曾不得食也，岂不哀哉？弗知犹可，闻或以告，而夫子弗听。"宓子曰："今年无麦，明年可树。令不耕者得获，是乐有寇也。且得单父一岁之麦，于鲁不加强，丧之不加弱。令民有自取之心，其创必数年不息。"季孙闻之称善。

宓子贱是孔夫子的得意门生，到了单父做地方官。其间，齐国攻打鲁国，途经单父。单父的老百姓请求宓子贱，说麦子已经熟了，齐国的士兵快来了，请让我们出城把麦子收割回来，既可以增加粮食，也不用把麦子便宜了敌寇。多次请求，宓子贱也不准允。不久，齐国部队把麦子都抢走了。

季孙大夫知道此事，大怒，派人指责宓子贱，单父百姓辛苦耕耘，却不能享用劳动果实，你不知道也就算了，为什么百姓再三请求，你还不听呢？宓子贱说，今年没有麦子，明年可以再种。假如让不曾耕耘的人得到收获，他们会喜欢有敌人来侵犯，以便利用外患不劳而获。而且，对鲁国来说，有了这一年麦子，并不使它更强，少了也不会使它更弱，但让百姓有了不劳而获的心理，一定会影响许多年。季孙氏听了，对宓子贱很赞叹。

这个故事最核心的一句话："令民有自取之心，其创必数年不息。"比如发大水的时候，如果有人乘乱掠取别人财物也没有被抓，他就可能希望以后再发大水。麦子重要，还是人心重要？人心。我们一定要注意，做企业当然要抓业绩，但抓业绩有很多方法，不能因为业绩而损伤人心。

看看如今的教育，分数对于人心的扰乱，"其创必数年不息"。从分数到补习，从补习到内卷，分数已经成为很多家长心中挥之不去的魔咒。为了分数可以不顾身体，为了分数可以不顾德行，只要孩子能考出高分，什么都可以不顾。其实，分数不等于能力，不等于人才，不等于一生幸福，可是普通家长想不到这么远。所以，教育一定要回到国家的教育方针上来，以立德树人为根本任务，不能以分数来扰乱民心。

圣人说，在开始的时候就要使民心不乱，使民不争，不要等惹事以后再做处理。我们这些领导者不能把员工给教坏了，否则就算取得了一时的业绩，那也会后患无穷。出业绩不必非要利用欲望，利用欲望说明你没有真正看懂人性。管理，是释放人的善意，而不是释放人心中的魔。人心乱了，再用制度，就会"法令滋彰，盗贼多有"，怎么压也压不住。做企业，不在心上制造问题就是最好的解决问题。

"不尚贤，使民不争；不见可欲，使民心不乱。"今天搞了很多重点小学、重点中学，初衷是好的，希望给国家多培养人才，结果却变成了关系争夺地。治天下，要从少年治起，心性不可乱。不要总用分数、排名去扰乱他，而应该在扎牢德行的根基之后，帮助孩子发现他们各自不同的天赋。天赋是拿来帮助别人的，不是拿来炫耀的。如果用错了，老天也会把你的天赋收回去。许多本来很有天赋的少年，为什么后来没有大成就？私心膨胀，不肯用天赋善利万物、善利天下。特别是一流学府，这样的高校是给想要报效国家的学生准备的，私心过重的学生与之不相匹配。所以，从小要教孩子们爱国立志、心怀百姓，这样的少年才可能有真正的大出息。像周总理、钱学森、袁隆平、吴孟超这样的大才，他们的共同特征是有一颗为国为民的心。

中国文化教孩子从小首先要尊道贵德，善利万物。比如，如果我在班里成绩好，我要负责帮助班里那些成绩不好的；如果我在班里成绩不好，我要向成绩好的学习。这都是道。一个班级应该是依道而行，道德而不是分数才是我们应该追求的。每一个孩子无论成绩好坏，既不骄傲也不自卑，互相帮助，取长补短，这个班级才是走在道上。背离了道德，无论教孩子什么，都会搅乱孩子的心，进而损伤孩子的未来。今天种种乱象，归根结底是教育出了问题，没有用"不争"来让孩子厚德，反而用排名来不断挑动孩子的欲望，使他们好争、谋争，从小扰乱了孩子的心。

面对每一个天真的孩子，怎样保护好他们的本善，减少他们的习气？"虚其心，实其腹，弱其志，强其骨"，运用到教育中就是：虚其心，让孩子保持天真和纯朴，减少机心；实其腹，让孩子过得无忧无虑，吃得饱；弱其志，减少孩子的欲望；强其骨，锻炼孩子的身体。

治天下者在于治心，治心之道在于无为。何谓无为？就是"不见可欲"。什么是"不见可欲"？就是欲望未起的时候，不要引动它。动了再去修复，就不容易了。胳膊卡破了，就算缝针好了也还会留疤，最好的方法是别挑动孩子的欲望。孩子可以犯错误，是指不伤害心性的错误，比如扫地没扫干净、字写得不整齐、忘了写作业这类错误；挑动欲望的错误却不可以犯，比如打网络游戏、看言情小说这类。我们上初中那会儿很流行某某作家的言情小说，初中生正是专心致志学习的时候，少男少女的心一动，正念就难守，没有心思上课学习，抓耳挠腮想早恋。

有的人一心为了谋商业利益，开发什么网络游戏，多少孩子沉溺其中不能自拔。小孩子很稚嫩，像春天的小苗一样，风吹易折。

有一次看到一位妈妈领着小孩子在高铁站等车，妈妈在唠嗑儿，孩子玩手机，一玩就是半个多小时。那小孩也就四五岁，这么小的年纪玩手机，他的心能受得了吗？我们这个年龄想自律自控都不容易，何况孩子？小孩子的心很稚嫩，特别需要保护。

当年美国中情局曾提出《十条诫令》，用10种方法毁掉中国的下一代。第一条就是尽量用物质来引诱和败坏他们的青年，鼓励他们藐视、鄙视传统教育，进一步公开反对他们原来所受的思想教育，替他们制造对色情开放的机会，再鼓励他们进行性滥交，让他们不以肤浅虚荣为羞耻。一定要毁掉他们强调的刻苦耐劳精神，一定要把他们青年的注意力从以政府为中心的传统引开来，让他们的头脑集中于体育表演、色情书籍、享乐游戏、犯罪电影以及宗教迷信。这样他们下一代就毁掉了。

孩子是我们自己的，就算别人使坏，我们可以提防。游戏产业真的有必要吗？小孩子必须使用手机吗？当年办夏令营，班上一个14岁的小女孩，每天早上起来化妆要一小时，瘦得像根火柴棒，割过三次腕。从6岁起，她被爸爸带去那些风月场所"见世面"，9岁学会早恋，12岁失恋，开始割腕。父母不学文化，什么该让孩子看见，什么不该让孩子看见都不知道。自己不愿陪孩子，就拿手机陪孩子，拿电视陪孩子，拿钱陪孩子，孩子人生的第一步就踏偏了。

有人说，不会玩手机，能跟得上时代吗？跟的是什么？是跟着时代前进，还是跟着时代堕落？能够预防被毒害的是你的智慧、你的文化。不学传统文化，不知道民心是怎么乱的，等心乱了再来治，需要多大的力气？引诱一个孩子玩游戏很容易，戒除一个孩子玩游戏太难了。我见过很多网瘾少年，真是于心不忍。有一次在河南，一个小孩12岁已经染上网瘾，活得像小狗一样。他说我什么都不要，只要有手机。我说，你不要尊严吗？他说，不要。我说，好好做人。他说，我不是人。我说，这么玩儿会把你累死的。他说，累死拉倒。多可怜的孩子！孩子们不知深浅，等沾上这些精神毒品，很难回头。所以，要让小孩子的心归厚、归真，多锻炼身体，减少欲望和机心。欲望的门，打开容易关上难，大水能冲垮一个城市，欲望能冲垮我们的孩子。父母学习传统文化保护孩子，等到他们成人以后，能自律、能分辨的时候，才可以逐步适当放开。在此之前，一定要好好保护孩子。

一定要多普及这些常识。有人说，就玩个手机，没什么。表面看没什么，你看看那颗心，已经蠢蠢欲动了。你再看看这孩子走路的姿势，看看他的眼神，看看他的价值观，还有天真少年的样子吗？不管是电子产品还是色情，都消耗人的阳气，这些乱人心的东西，要小心。

古代圣人治天下，处无为之事。无为，就是不要挑唆，不要挑逗，不要诱惑。我们现在不是无为，是多事，是愚痴。古代为什么可以无为而治？因为民心敦厚，孩子健健康康就长大了，自然就无为而治。现在许多人不学传统文化，持续挑动孩子的欲望，不教孩子"身体发肤，受之父母，不敢毁伤"，反而告诉孩子"只要学不死，就往死里学""提升一分，干掉千人"。这样的人不长智慧，坑害下一代，还把这些无知当作真理去宣传，下一代怎么办？

这些问题不好解，但不好解也得解，因为他们是我们的后人。想把人心转过来，必须再次回到传统文化。不使用这些经典，不使用圣贤的教化，根本就解不开。欲望的波涛汹涌不是哪个心理医生能抵挡住的，没有三五年，人心化不回来，而且要先把搅乱人心的事停下来，否则，这边化着，那边乱着，没用。

历史上有一个秦穆公霸西戎的故事。戎王派由余出使秦国。由余的祖先是晋国人，逃亡到戎地，他能说晋国方言。戎王听说秦穆公贤明，就派由余前去秦国。秦穆公炫示了宫室和积蓄的财宝，由余说："这些宫室积蓄，如果让鬼神营造，那么就使鬼神劳累了；如果让百姓营造，那么也使百姓受苦了。"穆公觉得他的话奇怪，问道："中原各国借助诗书礼乐和法律处理政务，还不时出现祸乱，戎族没有这些，用什么来治理国家？岂不很困难吗？"由余笑着说："这些正是中原各国发生祸乱的根源所在。自上古圣人黄帝创造了礼乐法度，并亲自带头贯彻执行，也只是实现了小的太平。到了后世，君主一天比一天骄奢淫逸，依仗着法律制度的威严来要求和监督民众，民众感到疲惫，就怨恨君上，要求实行仁义。上下互相怨恨，篡夺屠杀，甚至灭绝家族，都是由于礼乐法度这些东西啊。而戎族却不是这样。在上位者怀着淳厚的仁德来对待下面的臣民，臣民满怀忠信来奉事君上，整个国家的政事就像一个人支配自己的身体一样，无须了解什么治理的方法，这才真正是圣人治理国家啊。"

穆公退朝后，就问内史廖："我听说邻国有圣人，这将是敌对国家的忧患。由余贤达，令我担心，该怎么办呢？"内史廖说："戎族地处偏僻，没有听过中原地区的乐曲。您不妨试试送他女乐，借以改变他的心志，并且向戎王请求由余延期返戎，以此来疏远他们君臣之间的关系。留住由余不让他回去，戎王会感到奇怪，一定怀疑由余。君臣之间有了隔阂，就可以策反由余了。再说戎王喜欢上音乐歌舞，就没有心思处理国事了。"

穆公与由余连席而坐，一块儿吃喝，向由余询问戎地的地形和兵力，把情况了解得一清二楚。然后，命令内史廖送给戎王16名歌伎，"遗其女乐，以夺其志"。戎王接受，非常迷恋，"受而悦之，终年不还"。

这时候，秦国才让由余回国。由余多次向戎王进谏，戎王都不听。穆公又屡次派人秘密邀请由余，由余于是离开戎王，投了秦国。穆公以宾客之礼相待，对他非常尊敬，向他询问应该在什么样的形势下进攻戎族。公元前623年，秦国采用由余的计谋攻打戎族，增加了12个属国，开辟了千里疆土，终于称霸西戎地区。

再看美国中情局的10条诫令，今天中国的很多青少年有没有被夺其志？谁的问题？作为父辈，我们怎么来保护孩子？不要"遗其女乐，以夺其志"，否则，孩子会"受而悦之，终年不还"。祖先在几千年前就发现了这个问题，告诫我们"不见可欲，使民心不乱"。做企业，道理是一样的，禁于未发，使民心归厚，民心不乱，这就是无为。不要培养小人，不要诱导小人，不要鼓励小人，不要因为业绩而不顾员工的心性。

上善若水，水善利万物而不争。处众人之所恶，故几于道。居善地，心善渊，与善仁，言善信，正善治，事善能，动善时。夫唯不争，故无尤。

上善的人好像水一样。水善于滋润万物而不与万物相争，停留在众人都不喜欢的地方，所以最接近于道。上善的人，善于选择居住的地方，善于保持沉静而深不可测，待人真诚、友爱和无私，说话恪守信用，为政精简处理，能把国家治理好，处事善于发挥所长，行动善于把握时机。上善的人正因为有不争的美德，所以，所作所为没有过失，也就没有怨咎。

《道德经》第八章讲了水善利万物而不争，同样是"生而不有，为而不恃，长而不宰"。以水喻人，上善之人，像水一样，空有兼备，内在是无我的，对外能利益万物，以此作为人生的追求。要做这样上善若水的人，善利万物而不争。

整部《道德经》，关于不争的文化一共有八段：

不尚贤，使民不争。

水善利万物而不争。

夫唯不争，故无尤。

夫唯不争，故天下莫能与之争。

以其不争，故天下莫能与之争。

善用人者为之下，是谓无争之德。

> 天之道，不争而善胜。
>
> 圣人之道，为而不争。

不争什么？老子为何主张不争？中国文化主张莫向外求、不与人争有其原因：

第一，外境是无常的，水中月镜中花，求不着，白忙一场。

第二，争，向内乱了心性，向外乱了人际，一求一争把心弄乱了。表面可能得了一点东西，实际心已经受伤，贪心炙热。但一般人不知道心性的存在，不会注意到这个问题。

第三，不必外求，生活中基本的需求靠因果福德保证，外求也没用。求果因上求，衣食富足不是争来的，是你在因上耕耘出来的。因果告诉我们，只问耕耘自有收获，如果不耕耘还想要收获，那就是妄想。圣贤并不是活在天上，他善利万物，万物必然也善利他。所以，圣贤没有生存问题，他的福报是足够的，生存是无忧的。而很多人不去耕耘，没有行太多善事，却总想求与争，结果是越争越穷，因为善因不足了。世上没有无因之果，因不足，求名求不着，求利也求不着，这种外求本身就是错的，一争更会出问题。

第四，我们内心本自具足，不必外求。只是绝大多数人没有把它开发出来，所以，应该向内发力。圣贤自性流露的时候，名利都可以有，隐性的福德可以转为显性的各种福报，但他们并不在乎这些。所以，如果外求而争，人生这盘棋反倒下错了。

中国人的不争文化是很深的大智慧，是圣人看到了生命的真相，同情普通人对生命的种种错误操作，进而提出来的。不仅提醒我们莫向外求，而且告诉我们，争者不足，让者有余。争者为什么不足？争也未必争得着，争不到很痛苦；争到了又消耗你本有的福德，乱你心性。

外境无常争不来，外求贪争乱自心；名利必是福德显，本自具足向内求。不争文化不仅是指导人生的大智慧，也是指导管理的大智慧。企业领导者明了不争文化，就不会为外在的业绩而使用欲望刺激员工的贪心，而是坚守企业使命，带领员工服务大众，苦练内功，积累善的种子，用共同的福德托起共同的幸福。

人们为什么喜欢争？首先是文化的断层造成思想的浅薄。有个家长，孩子初一考全校第一，于是大宴宾朋。其次，所争来的名利确实带给人一时的美好感觉。不学道的人，喜欢跟着感觉走，紧拉住梦的手，梦醒的时候就会苦恼，马上用下一个争贪来继续麻痹自己。

圣人怕大家走错路，在《道德经》中说了不争文化之后，又给了很多安慰。"夫唯不争，故天下莫能与之争""以其不争，故天下莫能与之争""夫唯不争，故无尤"。告诉你，请放心吧！为什么天下莫能与之争？因为你善利万物，已经积累了许多善因，什么都不缺。有的人为什么想要却要不着？因不够，没有积极地善利万物，所以人生潦倒。有智慧的人经常思考怎么能帮助别人，没智慧的人总在想怎么能捞好处，结果前者越帮越多，后者越捞越少。

不争文化里有因果，有心性，有无常，有内在的自我开发。向内求，内在无所不有；对外善利万物而不争，人生无忧也。不争文化描述了一个美好的人生境界；反之，越争心越乱，心越乱人越苦。

有一年部队分年货，鸡少买了一只，有位老干部退休了，单位管事的人就没给他发，想着过后再补。老干部春节串门，发现他们家年货里有鸡，我们家咋没有呢？是不是因为我退休了看不起我？因此生气上火，得病住院，最后人没了。一只鸡，一口气，一条命。是怨那只鸡，还是自己没想明白？

无论名利，有求皆苦。现在开会摆座位牌，谁放左一谁放右一，谁放左二谁放右二都得安排半天，一旦放错就可能有人一整天都不高兴。我当年经历过一个真实的事。有一位局长每次吃饭特别讲究排面，大家必须称呼他局长或者大哥，他就很高兴。那一次吃饭来了几个年轻干部，大家喝嗨了，直呼其名互相敬酒，没有称他局长，他气得够呛。因为一句称呼气了一个晚上，活得就这么脆弱。

有一位企业界的朋友，创业挣了大钱，养成一个习惯，出门必须坐好车。有一次去江西分公司出差，下属送他去机场，偏偏公司最好的奔驰车没在家，想用一台普通车送，他宁可耽误赶飞机也不坐普通车。外求争贪，可以把人折磨成这个样子，听着都匪夷所思。

弘一法师说："利关不破，得失惊之；名关不破，毁誉动之。"名利好像系在人心上的两条绳索，轻轻一拽，惊心动魄，伤害自己却不自知。学习了传统文化，知道名利本是自己善利万物所积攒福德的自然显化，不必在意。知道外物无常，无论怎样的手段贪求实不可得，反而要赔上自己清净的心，自然就解开了名缰利锁。

中国文化的不争，不是故作清高，而是大智慧。这种人生智慧不同于所传授的知识，某门学科知识储备的程度与智慧无关，否则怎么会有高学历还活不明白的人？这种人生智慧不同于职场所积累的经验，高官巨富也只是过去外在成功的证明，不能代表智慧，否则怎么会有贪赃枉法者亲手毁掉自己的人生？所以，无论学历高低，职级高低，财富大小，想拥有人生的智慧，都需要系统学习中华优秀传统文化。

孩子们在毕业前，必须把这些人生智慧给他们讲清楚，再把他们送入社会才会放心。道理讲透了，路就不会走偏了。智慧的人不肯误用自己，不愿折辱自己，不去伤害自己。好好工作，服务百姓，善利万物，造福一方，自己生存无忧，每天就是付出、奉献，提高心性，内圣外王，多么美好的人生！

守住谦德方可长久

持而盈之，不如其已；揣而锐之，不可长保；金玉满堂，莫之能守；富贵而骄，自遗其咎。功遂身退，天之道。

执持盈满，不如适时停止；显露锋芒，锐势难以长久；金玉满堂，无法守藏；因富贵而骄横，是自留祸根。事情做圆满了，就要收敛、谦退，这是自然之道。

"金玉满堂，莫之能守"，讲的是钱财传承的问题。圣人发现物质财富在家族延续中不能长久保持。曾国藩在家书中说:"吾细思凡天下官宦之家,多只一代享用便尽。其子孙始而骄佚,继而流荡,终而沟壑,能庆延一二代者鲜矣。商贾之家,勤俭者能延三四代。"

老子在《道德经》中讲的箴言,两千多年来,历朝历代都在见证。曾国藩的外孙聂云台也观察过这个现象:"我住在上海五十余年,看见发财的人很多。发财以后,有不到五年十年就败的,有二三十年即败的,有四五十年败完的。我记得与先父往来的有钱人,有的做官,有的从商,都是显赫一时的,现在已经多数凋零,家道没落……大约算来,四五十年前的有钱人,现在家务没有全败的,子孙能读书、务正业、上进的,百家之中实在是难得一两家了。"

我们怎么办?把什么留给儿孙?中国古人说:"家财万贯,不如家道一卷。"物质财富传承时间实在有限,精神财富传承才能久远。"授之以鱼,不如授之以渔",有渔也就有了鱼。所以,中国人的家族靠家道传承。

"富贵而骄,自遗其咎",只是富贵还没问题,一加上骄慢,祸事就来了。问题不是出在富贵上,而是出在这个"骄"字上。圣人大智慧,言语精准。看到一个人富贵而又骄横,就知道他出事是早晚的。"持而盈之,不如其已;揣而锐之,不可长保",都在提醒我们做人、做事要收敛,莫张扬。

中国文化里有一个核心文化——谦德文化。《了凡四训》讲:"天道亏盈而益谦,地道变盈而流谦,鬼神害盈而福谦,人道恶盈而好谦。"盈,就是满了;谦,是未满,退让,留白。不要太拔尖,不要太招摇，收一收，让一让，忍一忍，拙朴一些，日子好过。"养成大拙方为巧，修得真愚始知贤。"中国古人学愚，我们现在恨不得孩子聪明到顶，而到顶之后都是下坡路，拙朴守愚方能长久。天道是损有余而补不足，月满则亏。道法自然要怎么做？曾国藩有一句名言："花未全开月未圆"，仿效天地，始终保持未满的状态，守住谦德。

谦德最典型的案例是《周公诫子》。《〈了凡四训〉中的管理智慧》详细讲到了这篇家训。《周公诫子》大概是有文字记载以来最早的家训，核心是提醒伯禽谦德的重要。谦德文化从周公传到现在，《道德经》《论语》《素书》《守弱学》《予学》《止学》《了凡四训》……这个文化一直在传承，中国人始终将其用在修身、保身。谦德是中国文化里一个特别明显的符号，看一个人传统文化学到什么火候，看一看谦德就知道了。谦退不是装出来的，里面有很深的学问。《周公诫子》中这六句很重要，我们细读一遍。

"德行宽裕，守之以恭者，荣。"已经德高望重了，还对一切保持恭敬的人，就会荣耀兴盛。恭敬，是在德行上的谦退；骄纵，是在德行上的傲慢。

"土地广大，守之以俭者，安。"中国古代的家产主要是土地，财富很多，还能保持节俭的人，就会平安。节俭，是在财富上的谦退；奢侈，是在财富上的傲慢。"历览前贤国与家，成由勤俭败由奢。"安由俭，败由奢。古人有智慧，知道一旦奢侈，败相已露。

"禄位尊盛，守之以卑者，贵。"官做得大，却平易近人的，受人尊敬。邓小平说："我是中国人民的儿子，我深情地爱着我的祖国。"拳拳赤子之心，人民敬爱他。学问深时意气平，圣贤的内心从来都把自己当作普通人，贡高我慢的圣贤，一个也找不到。

"人众兵强，守之以畏者，胜。"即使军队强大，装备精良，依然保持敬畏，才能立于不败之地。心存敬畏，是军事上的谦德；穷兵黩武，是军事上的傲慢。《道德经·第三十一章》："夫兵者，不祥之器，物或恶之，故有道者不处。……非君子之器，不得已而用之，恬淡为上。胜而不美，而美之者，是乐杀人。夫乐杀人者，则不可得志于天下矣。"兵器是不祥的东西，所以，有道的人不使用它。不是君子所使用的东西，万不得已而使用，最好淡然处之，胜利了也不要自鸣得意：如果自以为了不起，那就是喜欢杀人。凡是喜欢杀人的，不可能得志于天下。不到处挑唆发起战争，国家才能长盛不衰。某些国家的执政者如果能深入学习中国文化，这个世界可以减少很多战乱。

"聪明睿智，守之以愚者，哲。"对人、事、物的判断聪明睿智，但依然认为自己愚钝的人，会有更加深刻的思想。守愚，是思想上的谦德；炫智，是思想上的傲慢。《孝经》记载，仲尼居，曾子侍……曾子避席曰："参不敏，何足以知之？"曾子听到老师提问，赶忙说自己"不敏"，这是守愚的榜样。

"博闻强记，守之以浅者，智。"虽然博览群书，内心有足够的知识储备，却依然认为自己所知甚浅，这才是真正的智慧。

这里用了六个"守"字——守恭、守俭、守卑、守畏、守愚、守浅。人生若能如此去守，就会荣、安、贵、胜、哲、智。谦德六条，人生大智慧。

"功成身退，天之道"与"生而不有，为而不恃，长而不宰"一样，圣人提醒我们，要做事但不居功，不以事功滋养自我，返璞归真。南怀瑾先生说："我这一生，一无所长，一无是处。"苏格拉底说："我的智慧在于发现自己的无知。"什么是没有智慧？对自己的无知一无所知。当你发现自己无知时，智慧已经开启了。

"夫此六者，皆谦德也。夫贵为天子，富有四海，由此德也。不谦而失天下，亡其身者，桀纣是也。可不慎欤？"做企业也是这个道理啊。

谦德是保身之法，一个人可以"禄位尊盛"，可以"德行宽裕"，但要守卑守恭，方可长久。我们可以"善利万物"，但要"不有、不恃、不宰"，才无过患。《道德经》告诉我们，留有余地，功成身退，这样在世间行走才好。《守弱学》说："君子示其短，不示其长；小人用其智，不用其拙。"这是君子和小人做事的两种风格。君子常不经意间露出自己的缺点，而不愿炫耀长处；小人总是逞强再逞强，锋芒毕露，把笨拙都藏起来。我们可以有能力、有智慧，当用则显，不用则藏，要学会收放。

《守弱学》这本书很有意思。一共九卷，每一卷名字起得都很特别，敬强、保愚、安贫、抑尊、守卑、示缺、忍辱、恕人、弱胜，和我们常人的思维方式不大一样，这是中国古人的思维方式。现代人好像活拧了，愿意上热搜，出名，示强，逞强，速成，一夜暴富，少年成名，等等。无实而享大名者必有奇祸。圣人立于高位是为了利益大众，不是为了求名利，如果处于高位，内在要修无我才相对安全。大家可以读一读《守弱学》《予学》《素书》和《止学》这几本书，都与谦德思想相关，可以配合《道德经》来学。

这次解读《道德经》，我们从缘起入手，从圣人之心、天地之道、无为之法、人生之智四个层面总体上、宏观地来认识经典，以方便大家在实践中慢慢体悟。这是我第一次尝试分享《道德经》，一定会有很多疏漏之处，但我的心是真诚的，希望圣贤这么好的经典后人能学到，哪怕学到少许也好。如果大家对这部经典产生了恭敬心、爱惜的心、喜欢学习的心，我的心愿就完成了。希望圣贤的经典流传后世，希望这个世界的混乱因此而停止，祝福中华优秀传统文化回归，泽被后世，灾难平息，国泰民安！

道德经中的
管理智慧 下篇

01 管理中的无为：不要制造问题

在学校里，为了让每位老师都能尽其力尽其才，我选择用《道德经》中的无为之法来治理学校。历经5年，非常受益，使我对这部经典有了更大的信心。汉唐以降，历朝历代都有人在讲这部经典，各种相关论著汗牛充栋。对于《道德经》，我个人的知见和修学都很有限，但作为实践的受益者，我愿意把受益之处分享给大家。再者，我们学校有些学生的理想是将来从事文教和政治。从事文教和政治一定要读《道德经》《易经》《论语》等大经。

前面章节讲了《道德经》出世的因缘，阐述了《道德经》圣人之心、天地之道、无为之法和人生之智的总体框架。企业家朋友反馈说，学完再读这部经典觉得不那么难了，回去也开始使用了。真诚希望更多人熟读这部经典，运用这部经典。

我自己是在青年时开始学习中华优秀传统文化，发觉之前的很多路都走错了，人生的追求不对，就忙着改正。在边学边改的过程中发现经典那么好，可惜圣人已远去，只能靠自己揣摩，很难保证契入经典。读《道德经》这样深奥的书，常常梦想着圣贤归来，为我们再次开讲大经，我们可以聆听教诲，多么欢喜。

经典虽在，大道难寻。这个道到底是什么？怎样运用经典里的道把时下问题一一化解？作为这一代经典传承者，我们是否有能力妄尽还源，得经典真义，传圣贤悲愿？虽战战兢兢，也想秉一片赤诚，勉力为之。

这一讲选的内容是"无为而治"——不要制造问题。

《道德经》有很多关于无为的名言：

处无为之事，行不言之教。

为无为，则无不治。

道常无为，而无不为。

无为而无不为。

如果望文生义，就很容易把无为理解为不作为。但不作为又怎能治天下呢？我们在前面也提到，楼宇烈先生的解读是，无为而治不是无所作为。无为而治比所谓的作为更难，道家讲的无为而治，即不要用主观去干涉客观事物，要充分把握客观事物发展的趋势，然后顺应这种趋势，推动世界的发展。在推动世界发展的过程中，可以达成既定目标，这是更高级的作为，所以叫作"无为而无不为"。

《淮南子·修务训》:"若吾所谓无为者,私志不得入公道,嗜欲不得枉正术。"不可以用个人想法干扰客观规律和集体的方向及利益,不可以因个人偏好而误国误民误正事。私欲人人有,但是组织是实现大家共同目标的地方,不要越界。

老子在《六十四章》中讲,"辅万物之自然而不敢为"。无为,就是辅助万物按它本来的规律运转,而不去扰乱。这样来做管理,就会"我无为而民自化;我好静而民自正;我无事而民自富;我无欲而民自朴"。真的会这样?试一试就知道。

当"我"没有去扰乱、干涉时,事情会回归正轨。当我们尚未把握大道、看清事实时,不妄作或许更好。

管理中有一种无为,叫"不要制造问题"。管理中的很多问题是人为制造出来的。企业如果能做到不制造问题,已经非常难得。那么,怎么避免制造问题?做好以下四个方面。

一、基于企业使命,制定企业战略

做企业都要谈战略,尤其是企业具备一定规模以后。有的企业因为战略而突破,有的企业因为战略而成长,也有的企业因为战略而倒闭。都是战略,为什么有如此大的差异?只是战略错了吗?如果这家企业的使命不清晰,它的很多战略就是在制造问题,违背了无为的思想。

首先，什么是企业战略？从使命来看，所谓企业战略，就是企业完成使命所需要的整体步骤。每个企业都应该有自己的使命，使命确定以后，知道企业一做什么二做什么三做什么，就像盖一座楼一样。前后有哪些步骤，哪些是关键，这是战略。使命是总说，战略是落地。使命明确了方向，而战略关注了实施，关注了前后次第，能保证使命达成。

使命和战略，使命在前，战略要听从使命的。如果一家企业没有使命而制定了战略，这个不是战略，而是企业人对未来的主观想法。是否符合现实，能否实现，都不得而知。规划着3年要占领多大市场，5年如何，10年如何，结果企业突然关掉了。怎么会这样？表面看似乎是战略出了问题，其实根本问题是出在没有使命上。

2022年教培行业遭遇重创。很多朋友探讨，为什么2020年这个行业还在蓬勃发展，2022年就遇到寒冬？我的观点是，这些行业只有想法，没有使命。看起来似乎有使命，一切为了孩子，为了孩子的一切，但这些都是说法而已。教培行业也属于教育，教育有三大基本使命：第一，传承人类文明；第二，为国家培养人才；第三，成就孩子的幸福人生。是以传承文明为根本，进而出现后两个时代性的使命——为国家培养人才和成就孩子的幸福。在行业的大使命下进入细分：有校内，有校外；有学龄前，有学龄后；有基础教育，有高等教育。但不管怎么分，整体使命是不能动的，都是在大使命的整体指导下，形成很多细分使命。任何一家教培机构如果违背了教育行业本身的使命，它所制定的战略几乎都叫想法。这些想法是否能实现，要打问号。可能这一年企业还很好，到下一年就没有了。

所以，经营企业最大的风险是什么？不是战略的风险，而是使命的风险。企业本身使命不清晰，还盲目地制定战略，这种战略可能会加速企业死亡。很多企业就是死在自己的战略下，确切地说，是死在自己的妄想中。

当年，有一个年轻人向稻盛老先生请教企业管理问题，老先生问他："你的企业使命是什么？"年轻人回答不出来。老先生说，没有找到使命，你要问我什么呢？还是先回去把使命搞清楚吧。

去年企业界出了很多问题，原因有很多，其中有一个共同原因——没有使命，或者叫没有真正的使命。五年前在山东讲课，有一位做房地产的朋友和我交流，他说："我在这个行业一直很困惑，不知道这个行业向哪里发展。"我问他："房地产行业是做什么的？"他想了想，说："盖房子、卖房子。"我说："这是业务。"我提醒他："今天如果回答不了这个问题，那么未来5年你的企业可能要出风险。"他很真诚地说："不要说5年，我觉得今年都快要出风险了，所以出来学习。"还好，那次听了3天大课以后，他找到了自己企业的使命。最近两年更因为学习传统文化，发现房地产产业大势的变化，企业成功转型，没受什么损失。

在商业界，很多失败非常可惜，因为属于必然性的失败。一个行业应不应该存在，能不能发展下去，不需要问别人。如果这个行业本身没有使命，不能为社会合理地创造价值，不能推动社会进步，难道不应该调整吗？天大，地大，以道为大。道不以我们的个人意志为转移。只是过去没学过传统文化，光想着谋个人发展，没有考虑这些大问题。人们在成功时，往往不愿意深入思考，所谓富贵学道难。等到了失败时，又没有勇气学，已经被失败打击得垂头丧气。其实，理想模式应该是一个人少年学道，中青年出来创业，晚年著书教化后人，这是合理的。可是我们这一代商业人已经来不及了，多数被过去赚钱为主的思维所诱惑，你方唱罢我登场。

有使命，企业制定的是战略；没有使命，企业制定的只是一些想法。这么说可能打击了很多人，但我是用心良苦地劝说。战略，一定要基于使命。

在这个层面，无为是什么？无为就是"使命是什么，我就做什么"。不要多事，不要掺杂太多个人想法。假设企业新来了一位CEO（首席执行官），先要学习企业使命，再研究制定企业战略。这一步没有理顺，上来就提出我要这么干那么干，很容易失败。失败能承担得起吗？有的企业越干越兴盛，有的企业越干倒得越快，差别很大。

"使命是什么，我就做什么"，这不是一个简单的个人才能问题。一家企业，不管是高层决策，还是中层执行，都是有严格界定的，不可以乱来。所有不是基于使命而提出的建议、想法、谋略、计划、策略、战略，都要小心。

我的一个朋友是一家银行的负责人，他跟我探讨怎样做好银行运营管理。我的回答是："首先思考银行是做什么的。使命不清楚，我不能给你任何管理建议。使命找到以后，答案就有了。"前些日子我们再次见面，今年他们银行的业绩很好。还有一个保险业大区经理到我这里咨询："为什么这两年保险业务往下滑，问题出在哪里？"我给出的观点是："首先思考保险行业的使命。使命清晰，问题就没有了。"建议他去读我的《使命与发心：中华文化视角下的工商文明》一书。

西方现代"管理学之父"德鲁克先生说："只有明确地规定了企业的宗旨和使命，才可能树立明确而现实的企业目标。企业的宗旨和使命是确定优先顺序、战略、计划、工作安排的基础。它是设计管理职位特别是设计管理结构的出发点。战略决定结构。战略决定某一企业的关键性活动是什么。而且战略要求了解'我们的企业是什么以及它应该是什么'。"

《道德经》说的无为不是说不作为，是按照规律来作为。那么，这个规律到底是什么？以道为规律，在企业叫使命。今天我们看到的行业危机，背后隐藏着一个共性的问题——使命模糊。要解决这些问题，首先要从明确使命开始，扣好企业的第一粒扣子。否则，总是见招拆招地被动采取措施，有时不仅不能止损，还可能造成失血过多。

企业没有基于使命制定战略，可能就是在制造问题。

二、重视产品，用产品利益客户

做产品需要花钱，需要投入时间，做销售直接赚钱，订单带来利润。企业是要盈利的，所以，企业人会不由自主地向销售努力。对于产品，有的企业重视，有的企业不重视。

《道德经·第八十一章》说："圣人不积，既以为人，己愈有；既以与人，己愈多。"一家企业怎么能够富有？怎么能够盈利？这个道就是"为人""与人"。企业越为客户着想，越富有；企业越能帮助别人，给予别人，越能真正增长、盈利、发展。这是基本的道，基本的规律，给予的哲学。就像农民种地一样，播种越多，收获才可能越多。但为什么落实起来这么难呢？因为它触动了人的本能。人的本能有自私、渴望占有的一面，尤其是渴望不劳而获，所以这句话很容易说，但肯做的企业未必很多。正如老子所言，"吾言甚易知，甚易行。天下莫能知，莫能行"。这个道没有多难懂，一讲就明白，一听就会做。可是，人们不肯相信，不愿意去做，不肯在"为人""与人"上发力，却只想"有"，只想"多"，不播种却盼着收获。

在产品这个点上，我们怎样无为呢？客户要什么，我就做什么，这就是无为。不需要多事，真正给到客户所要的，这件事很容易吗？不容易。

客户要的是一个结果，而这个结果的呈现需要很多过程，需要技术，需要研发，需要解决方案。真正能够长期生存下来的，都是能为客户提供有效的解决方案，能为客户创造价值的企业。有些企业不明白这个基本道理，局限于自我——我想赚钱，我制造什么就卖什么，卖得越多越赚钱，不管别人需不需要。这种很"自我"的企业，重心往往不是放在研发客户需要的产品上，而是想尽各种办法，甚至"制造需求"，用所谓"引导消费"的方式，把自己的产品强塞给客户，还给这些办法起个好听的名字叫"商业模式"。过去一些年，很多朋友非常迷恋所谓商业模式，没有把时间、精力、资源放到研发产品上。不了解客户需求，没有好的产品，只谈商业模式，那是心存侥幸，是妄想。不能满足客户真实需求的企业，向哪里求生存，向哪里求发展呢？这个朴素的道理，很多企业一忙起来就忘了。

作为企业，用什么去利益客户？就是产品，产品才是企业的核心。企业的重心一定要放在产品上，然后才敢谈销售。当产品本身质量不足，谈销售为时过早，不符合规律。所以，一家企业不重视产品只重视销售的做法，是悖道的。为了让客户能买，用了很多销售技巧和手段，短期可能赚到一些利润。客户也不傻，企业不可能依靠自欺和欺人而长久生存。自欺就是存侥幸心，欺人就是以为别人都不明白，到最后总是要出问题。销售是很重要，但是产品更重要。一家企业如果不重产品，只抓销售，就是在制造问题。为什么有的企业做着做着突然倒了，销售业绩直线上升却突然暴跌？看看产品就知道了，这种销售不对头。

10年前，国内有一些公司专门做销售咨询。"你的企业今年销售额多少啊？""2个亿。""我来帮你，从2个亿做到6个亿。"很多企业一听眼睛亮了，交了服务费用，做吧。有的企业经过包装，确实赚钱了，但是后期问题一大堆，因为产品不过硬。只是在那个时候很多客户的消费保护意识不强,容易被忽悠。比如,曾经在央视猛打广告的某个品牌酒,因销售而成功,又因销售而失败,白折腾了几年。企业要想做大,一定要多在产品上下功夫。如果你做的是一家小企业,就要本着客户要什么我就做好什么。

用产品满足客户需求,其实并不容易。因为有时客户要什么,自己也说不清。所以,很多企业在这个点上犯错误也是可以理解的。我是做教育的,在创办学校第一天,就跟老师们交流——咱们的学校靠什么活下去?靠家长满意。家长为什么会满意?咱们必须完成一件事——育人。这件事决定学校的生死。咱们这个学校如果能育人,能把人家孩子培养成人才,就能活下去,就可以心安理得地收学费;如果咱们没有能力育人,没有能力把人家孩子培养成人才,就要向人家道歉,这个学校不应当存在,应当关掉。虽然主观上大家都希望学校发展,但从客观上讲,不能育人的学校存在是不对的,它有害于社会。我说,从今天起咱们为生存而战,到哪一天咱们能把育人这件事做得妥妥的,心里就踏实了;如果不能,这个学校永远在生存边缘的危机线上,那我们要格外小心。

所以,一所学校能不能活下去,不用问别人,问自己就知道了。你的产品怎么样,你的孩子教得怎么样,你要天天琢磨。我们学校门口有一副对联:"门前若无桃李,羞说教书育人。"这句话最早是我和老师们用来互相警醒的。这个"羞",既是害羞的羞,也是休想的休。如果办学三五十年,没有出现桃李,没有出现人才,羞愧与别人说我们是教书育人的,就应该道歉。"师哉师哉,童子之命也!"孩子的教育是单程车票,一旦教错,误人一生,怎敢轻忽?这也是建校以来我们在育人体系的研发上倾注了大量心血,苦思冥想、反复实践的原因。

教育不是一个输得起的行业,里面有国家的期望、孩子的未来、家长的心愿、学校的生死。很多朋友问我,如何办好一家学校?我说,答案有很多,核心只有一个——你的学校能不能把孩子培养成人才。有人说:"听说某些擅长提分的学校,不少孩子得了抑郁症,后期的问题也很大。但为了能上排名靠前的大学,家长还是蜂拥而至,拼命把孩子往里送。你怎么解读这个现象?"我说,走着看,再过10年,你且看他。大道绵长,不是一时能显现的。家长一时会盲从,但百姓不可欺。

办学校都不希望10年就关掉,都想办成百年名校,怎么办成百年名校?核心是产品,必须有育人的法宝,这是基本的底线。未来的事实会让家长们越来越清醒。对于教育而言,出人才是硬道理,可以考高分,可以上好大学,但这些都是手段,不是目的。教育的目的是把孩子培养成人才。有些孩子拿过高分,上过好大学,毕业后却不会做事,拖累单位;宅在家里,拖累家人。这样的分数和文凭就成了一时好看的"谎花",没有结出人才的果实。当初的学校和老师,有没有责任呢?

不是所有孩子都能考上好大学的,但是如果教得好,每一个孩子都可以成才,培养人才是我们学校努力的方向。办学校的核心秘密就是,一定要下决心把人家的孩子培养成人才。这要是办不成,我们的心都是虚虚的。刚刚过去的5天，我们进行了这个学年的大教研——关于12年基础教育育人体系。教研结束时，我非常开心，好久没有的喜悦，10点半了还不想睡觉，月光下在操场上转了一圈又一圈。为什么这么高兴呢？因为我们的育人体系又有了重大突破。做教育如果拿不到核心理论体系，心里是忐忑的，因为无法确认你教的孩子将来会怎么样。作为教师你又必须得知道，我每一步教得对不对。如果模模糊糊，蒙着眼办教育，走哪儿算哪儿，很容易误人子弟。

育人不是一年两年，是从孩子6岁到12岁、12岁到18岁，乃至更久，是一个完整过程。前面6年连着后面6年，不能断开，要从未来设计现在，基于中学设计小学，层层递进，而中间所贯穿的理论是一致的。如果育人理论说不清楚，只是碎片化地研究这个模式、那个方法，这样的做法令人担心。

比如，我们都知道阅读很重要，孩子应该读书。前几天偶然到书店避雨，在书店走了一大圈，结果发现，里面适合孩子读的书其实很少，甚至很多书孩子们不应该读。书如同药，对症良药能治病，误用则害人，何况那些劣药、假药呢？恐怕家长和老师很难有这种辨别力。如果让我给孩子选书，在那个书店可能挑不出一二十本，里面大部分书我会告诉孩子不要读。现在很多学校只是强调阅读很重要，相当于强调"有病要吃药"，但如果在阅读理论和体系上弄不清楚，不阅读不对，错阅读也不对。

一所学校必须抓育人，那就是你的产品，那就是你的专业性。

这块如果打不透，一定会辜负家长、辜负学生的，这里要格外小心。一所学校如果在育人上已经有绝对的把握，你不用担心招生，一定会有很多人来找你。因为孩子就是学校最好的名片、最好的口碑。当有了客户满意度，再来谈开拓市场也来得及。产品还没有成型，客户还没有满意，着急开拓市场，这就是制造问题，不符合自然法则。为什么出现这种问题？还是我们内心的私欲在作怪。在这个时代做事，没有想法不行；可是不脚踏实地，不认真打磨产品，很容易失败。

德鲁克先生说："市场营销的目的，就是使销售成为不必要。"销售为什么可以成为不必要？因为产品非常过硬，供需已经充分链接。你所做的，正是客户想要的，把产品做到这个份儿上，还有必要靠营销吗？用非常过硬的产品，满足非常精准的刚需，这个需求只有我能满足，找别人不行，到这个时候就不用再做营销了。如果这时候再做营销，只是希望帮助更多人而已。这就像好的中医的门前从来都是排队的，因为他医术高明，真能解决客户的问题。

日本"经营之圣"稻盛和夫先生说过："因为贯彻了这样的完美主义，才使京瓷在不断创造新产品的同时，获得了持续的成长和发展。"他们做产品，追求完美主义。稻盛先生长期在一线，长期在车间，他说"现场有神明"。为了研发一款产品，甚至半个月不回家，经常熬夜到天亮。在他写的书《活法》《心》中有很多这样的记载。京瓷非常重视产品，靠产品过硬取胜，营销只是京瓷的辅助手段。一家企业不重视产品，只抓销售，早晚要退出市场，因为违背了市场规律。这不是无为。

为什么日本有很多企业做到了百年、数百年？这些企业的共同特征是无为。他们只为客户某一种需求做某一类产品，不断精益求精，做得特别好。都是老客户，定点销售，长期供应，持续发展。这种企业并没有做什么特殊动作，甚至没有扩店，没有做连锁，就这么一个店，一做一百年，一做几百年，这也是一种无为。可能最初10年在寻找刚需，做好产品，一旦做过20年，就进入无为状态，不需要再进行额外操作。只要客户的需求一直都在，只要它的产品不断优化，没有贪心私欲，这个企业就自然地基业长青。所以，客户满意度比销售额更重要。没有客户满意，销售额越大，企业倒得越快。很多企业以为在销售上出了问题，其实，问题出在产品上。

企业的产品为什么出问题？有的是因为不重视产品研发，有的是因为不了解客户需求。为什么不了解客户需求？无为的背后是无我。一家企业越无我，对客户的需求了解越深；越有我，对客户的需求感知越少。当我们去见客户时，如果能保持一种无我的状态，就像一面镜子一样，客户要什么你很快就能感知到。而我们经常是自说自话，表面上坐在别人对面，其实活在自己的世界，一直谈我的想法、我的需求，没有去感知对面的人，这个"我"很大。我们总想去说服别人，总想去征服别人，总想去诱导别人，而不是听一听客户要什么，我应该为您做什么。

我们拜访客户，应该先听还是先说？是不是我们说得太多了？是不是没有好好倾听？所以，静静倾听客户的想法，不要掺杂个人的想法；如果自己有想法，也可以征求客户意见。无我和无为是一体的，因为无我，所以无为。

这种无为也可以体现在售后服务中。有一次，学校厨房设备出了故障，需要修理。找到当初负责安装的企业，请他们1天修好，企业说不行，必须得3天。学校正在上课，老师和孩子不可能3天不吃饭。我让负责的老师告诉这家企业："我们的要求是1天修好。如果你不能完成，我们就换一家供应商。你可以说我的要求过高，我也可以说你的服务能力不如别人。下一次我们再做工程建设时，我招标首先不考虑你。因为别人1天就能修好，而你却需要3天，说明企业的专业服务能力不行。"

很多企业在和客户往来的过程中，经常跟客户辩论，甚至说"不"。客户说，这里应该安一个灯，他偏说不，我认为要怎么办怎么办，甚至嘲笑客户不专业。客户因为不专业，所以才花钱来找你帮助解决，客户只要结果，要解决问题。如果你的想法很好，可是与客户的想法不一致，可以呈现给客户看，让客户自己做选择。如果客户坚持自己的意见，还是要听客户的，因为你不知道客户最看重的、最急需解决的是什么。有些供应商很强硬，守着自己的技术动不动就跟客户耍大牌，批评客户不懂，其实是背后的"自我"很大。请你来是帮客户解决问题的，不是来彰显自己、嘲笑客户的。位置摆正，才能无为。

学校在和家长互动中有过这样的案例。家长给我打电话："校长，孩子这个周末回家状态不好……怎么办？"我说："不要紧，你把这个情况详细记录一下，赶快给班主任打电话。班主任下周争取帮孩子化解掉。"为什么这样回复？因为家长既然求助于我们，我们作为专业的教育机构，应该帮家长解决问题。这个问题家长本身已经没有能力解决了，否则也不会打来电话，而孩子每周在学校有5天，刚好可以解决。

如果学校不去解决孩子成长中的问题，推诿或指责家长，那请问学校是干什么的？谁是做专业育人的？谁服务于谁？拿着教师资格证的人都不能化解孩子的问题，家长该怎么办？作为校方，作为老师，我们的专业就是帮助家长，解决家长的困难。如果家长在家中教错了，我们可以指导他怎样正确地教，而不是训斥家长，不能看家长笑话，更不能把这些问题推给家长。

有人问，对于孩子的培养，学校和家庭谁的责任更大？我一直坚持学校的责任更大，因为学校是做专业教育的，家长跟着学校学习，配合学校就可以。这也是一种无为，这个无为说的是摆正彼此的关系，学校永远要记得自己的使命和责任，担起自己该做的事情。对于什么是该做的事情，不同学校有不同的理解，我的理解是以专业化来服务家长、引导家长，共同帮助孩子成人成才。我们要起到一种服务和引领作用，不是批评，更不能推卸责任。

中国有14亿人口，有1844万专职教师，有2.9亿在校学生，把教育的责任推给家长是不公平的。今天教育有很多问题，想解决问题，首先是不要制造问题。把专业问题推给家长就是制造问题。育德育智育体，一个普通家长怎么可能都会？他不会，校方又没有把家长教会，最终耽误了孩子。有人说，学校应该育智，家长要负责育德。党和国家的教育方针指出，立德树人是教育的根本任务，要"德智体美劳"五育并举。育德也是学校的责任，家长处于配合的位置。

应该做什么就去做什么，这就是无为。无为的背后是无我，是那颗全心全意为客户服务的心。《道德经》说："天之道，利而不害。"商业之道也应该是利而不害，不管是产品的质量，还是交货期，要想各种办法去利益我们的客户，甚至让客户获得超值服务。这里有两个字尤其重要——"不害"。为什么会出现"害"？商家为了利，会利用人的欲，让消费者一时满足，长期受害。比如网络游戏，我们都知道它对孩子是有伤害的，孩子不成熟，缺乏足够的自制力，已经有很多孩子因为游戏成瘾而辍学，不仅损害了他的身心健康，而且耽误了眼下的成长和未来的生活，这就是害。"天之道，利而不害"，违背规律，不会长远。这世间是有因果的，赚什么钱，也不能拿青少年一辈子的命运赚钱，不能拿民族的未来赚钱。做企业、产品、方案、服务，都要考虑利而不害，不能只考虑自己赚钱。

三、懂人心的管理，真心对员工好

不懂人心又去带队伍，容易背离无为而制造问题。《道德经》有很多关于无为的描述，"不见可欲，使民心不乱""驰骋田猎，令人心发狂""难得之货，令人行妨"，这种无为说的是不要扰乱人心。

人心，本来就妄念纷飞不容易安稳，被扰乱之后，麻烦很多。如果管理者不明白这个道理，为了一时的业绩，很容易扰乱人心而后续产生很多问题。

比如，在河的上游倾倒垃圾，下游一定会出现河水污染，草木不长、鱼虾难以生存等种种破坏环境的问题。我们倒垃圾时，想不到有这么多后果，可当问题出现时就难以收拾。这个自然现象很容易理解。管理中也存在类似情况：如果在上游倒垃圾的是管理者，河水比作人心，因为人心受污染了，后期很快要出问题。这名管理者所倒的是惑乱人心的垃圾，这些垃圾可能是诱惑和教唆，管理者为了追逐利益，有意引导下属见利忘义，让这个组织变成一个疯狂逐利的组织。用不了半年，员工的逐利意识会快速地培养起来，人心开始波动，团队开始混乱。

道义培养君子，利欲培养小人。为什么会培养出小人？团队的管理者不给员工传道，不讲"作为人，何为正确"，每天只讲赚钱、讲享受。人心本来就不稳，善恶掺杂，需要教化，这个时候管理者再去诱惑，员工很快被教唆。这种诱惑又被换上一个好听的词叫激励，员工像打了鸡血一样冲市场，这样的团队基本上挺不过3年就会解散。君子和而不同，小人同而不和。管理者不明道，不小心把员工教成了小人。小人不是坏人，是目光短浅的人，是一时逐利之人。而且员工挣到钱以后，也没有把钱花到正地方。着急享受，买奢侈品，很快钱就败光了，最后没有路可走。

很多年前我去过一家销售公司，团队有几万人，带不住了，问我怎么办。我说没有什么办法，除非你痛下决心。他说，痛下决心就是不能激励员工吧？我说，可以激励。他问用什么激励。我说，用道。他说，这不可能吧？我说，你不相信，我就没有办法帮你了。你去读读党史，看看我们党是怎么带队伍的；你去看看延安，我们党的军队在延安是怎么发展壮大的；你去看看抗美援朝，我们的志愿军在零下40摄氏度的严冬，穿着单衣，啃着冻土豆，面对有200年不败神话、武装到牙齿的美军，依旧顽强地执行战斗任务……有时连基本的温饱都不能保证，可是我们的战士却舍生忘死，保家卫国。前人已经给我们作出最好的激励案例。我们今天做商业，不学这些案例，专学些惑乱人心的旁门左道，一时业绩上去了，却后患无穷，这就是制造问题。

有一年我在外地上大课，晚上下课很累了，有个朋友过来找我问这个事。我也没有客气，把这些话讲给他，我说你能接受我的劝告就去做，不能的话我也帮不了你。这些企业家往往都比较有才能，机遇也好，能赚到快钱大钱，但一般来说企业寿命都不长，上来就是诱惑、就是刺激，团队的人心很快就被搞乱了。人心是相续的，一定会影响未来。你用欲望把人心刺激起来，员工出去跑市场是很有干劲儿，但他的道义也泯灭了。他能对客户不负责任，就能对企业不负责任，能伤害客户的员工一样可以伤害自己的企业，反捅一刀，源头是我们把他教坏了。

扰乱人心的流弊很大，会延续多年，一旦把他们教坏，很多年回不了头。所以，我非常反对这种刺激欲望式的教育。企业如果想激励员工，方法有很多，学稻盛哲学，学传统文化都可以，方法又实用又长远，也能赚到大钱。

不懂人心、不懂人性的企业，是业绩的创造者，同时必然也是问题的制造者。可能短期创造了业绩，但积留了大量问题，数年难愈。员工即使跳槽到别的团队，破坏力也很强，因为他们已经习惯了短时间的富裕生活，一下子回到俭朴受不了。一个月挣过10万的人，没法忍受一个月只挣5000，他总想再去挣个10万。这一生都可能再没有这样的机会，他却一直活在那个梦里，不认为是自己错了，而认为是方法不够、手段不够，再回头学道难。

今天抓管理，要懂人心、知人性，我们的管理措施到底对不对，都值得推敲。任何一项管理决策，如果不能关注员工的内心，未来其弊端难以估量。管理不能冒进，不能求一时好看，一定要看一看这个决策推行以后，人的内心会怎么变化，是欢喜还是抵触，是心甘情愿地付出还是阳奉阴违地应付。所以，企业做决策，我不主张刻意制造——制造激情，制造一时的繁荣，应该像《道德经》中所描述的水一样，稳稳当当地流淌就好。不要违背规律，不要违逆真实。有的企业学了点传统文化的皮毛，说传统文化教人要讲奉献，于是给员工降工资加工作量，这现实吗？普通人能接得住这种磨炼吗？他们要养家呀。这种不关注员工内心、过度追求奉献的管理决策，到后期基本上都落实不了。我在和同事的交往中也鼓励他们奉献，这种奉献是基于道的，同时我更关心他们的个人生活，一定要生活有着落。饭都吃不饱，家都顾不上，怎么奉献？

不懂人心的管理，常犯的错误大致有两类：一类，诱惑员工；一类，脱离现实。这些都不是无为，太庸俗或太理想化的管理方案，都不能持久。人心是善良的，但进步没有那么快。这个心，你既不能轻易诱惑，也不能拔苗助长，要让员工稳稳当当地做个好人，一步一个台阶就行，不要逼着员工做圣人，也不要自己装圣人，这很难实现，有大进就有大退。平平常常，平平淡淡，平平安安，大方向是指向大道的，这是古代圣贤所主张的方法。

《道德经》说："绝圣弃智，民利百倍；绝仁弃义，民复孝慈；绝巧弃利，盗贼无有。此三者以为文，不足。"这句话乍一听会觉得，这不是让企业别学传统文化了吗？弃智、弃义、弃利，弃了还有这么多好处——利百倍、复孝慈、无盗贼，这怎么理解？是的，这么做才是真正的大学问，此处的"绝"不是断绝的意思，而是至高的、真正的、究竟的意思，是"为往圣继绝学"的"绝"。

不要做作，要真实；不要伪装，要真诚。"诚者，天之道也"。抛开那些技巧，对员工以诚相待；抛开那些鼓吹式的道义，让员工回归淳朴的善良；抛开那些利益的刺激，让员工懂得耕耘与收获的道理。这不是不要智，不要慈，不要利，而是回归人心，道法自然地前进，不要老想超越规律。

不懂人心做管理，要么干错事，要么干傻事。错事乱人心，傻事不符合人心，想得很好，走一走就知道了。现实中的人没有那么高的境界，对他提出过高的要求，他做不到。如果继续逼迫，他只能伪装，装作有境界有高度，于是培养了一些伪君子。

懂人心的管理，就是无为，就是真心对员工好——不要误导他，不要教唆他，不要难为他。既不要扰乱他的价值观，也不要强迫他一天就成圣人，让他先做一个好人，越来越好的好人，一天比一天好，一年比一年好。员工越来越好，他的人生开始升华了，既能利益客户，也能利益亲人，你就放心了。不顾客观事实，着急让员工变好，也是执着。

企业学传统文化了，想几个月就能见效，这么想问题是过于执着结果。传统文化是要奉行一生的，有的人需要3个月改变，有的人需要3年改变。员工只要在改变就好，没有犯大错误就行了。应该让每个人成为君子，但不要逼迫每个人成为君子，更不能教人成为小人。这个分寸把握，就是无为，不是什么都不做，是顺势而为，善观缘起，层层递进，循序渐进，迈小步不停步，人人都进步。

四、有教化的制度，为而不争

很多管理者有这样的困惑：制度越写越厚，管理越来越难，企业越做越累，问题越来越多。怎么会这样呢？到这个时候，很多管理者不知道怎么办，又去写制度了。制度加制度，还是制度，只要出问题就加制度，再出问题再加制度，制度不断增加，问题却也不断增加。难道是制度写得不够吗？

《道德经》说："法令滋彰，盗贼多有。"圣人提醒我们，要小心"法令滋章"。"法令"在企业就是制度、命令，"盗贼"在管理中就是做错事的人。今天下个命令，明天出个规定，制度越来越多，干错事的人也越来越多，这种现象在企业管理中并不少见。有的管理者迷恋于制度，认为制度万能，能够解决一切，只要企业发生问题，马上开会写制度。现实证明，这条路是走不通的。

《论语》说："道之以政，齐之以刑，民免而无耻。"用政令制度引导百姓，用赏罚规范百姓，这样的管理结果是百姓苟免而没有耻心。俗话说"上有政策，下有对策"，员工内在的道德自律没有建立，也就没有自我驱动力，所谓的发展依赖于外部压力。结果，员工和管理层成为对立面，数百个员工对付十几个管理者，"民免而无耻"，管理者天天管，累得要命，只要一不管，员工就犯错误，上监控都来不及。

"声色之于以化民，末也。"当年曾经有一家美国大企业犯过这种错误，在企业内部设立特务组织，专门给领导打小报告，结果是业绩不断降低，员工没有工作热情，偷懒占便宜又不让，就开始悄悄对抗。工作热情来自人的内心，而不是制度。永远不要寄望于靠制度来调动员工的工作热情，这非常不现实。

最好不要把奉献这类词写到制度中，因为基本没用。奉献是在逼迫下出现的吗？奉献来自自觉。5点钟下班，他5点零1分走都可以叫奉献，"老板我奉献了，奉献了1分钟。"可是你不知道他手里的工作在四点半就已经干完了，剩下的30分钟都在装样子。不抓人心，不搞教化，只抓管理，"道之以政，齐之以刑"，这条路是行不通的。

怎么解决呢？《论语》接着说："道之以德，齐之以礼，有耻且格。"这是真正的管理方案。德是德教，礼是礼教，用教化之功，用道德引导百姓。道德是什么？是思想，是心性，是由内而外。先让员工在思想上打开，知道自己应该做一个敬业的人、向上的人。敬业，不仅是爱护企业，也是爱护自己。爱护自己的职业尊严，爱护自己的职业成长。在心性，形成员工内在真正的敬业之道，由敬业之道而养成敬业之德，员工是自觉的，不是被迫的。然后再"齐之以礼"，告诉他们怎么做合理。先用思想转化心性，再教会他们正确的行为、专业化的工作能力。心在前，行在后。这样员工就会有底线、有边界，知道什么能做，什么不能做。

比如说教师收红包这个事很可耻，不能做，不是因为怕校长抓我才不收，是我觉得收红包等于在贬低自己，是对于我作为教师的一种无情嘲讽。有人格的人都有自己的尺度。制度不是用来监控员工的，是指导他们按照制度做会更合理，所以，制度是在成就人。在编写制度前，一定要有教化——德和礼，员工需要上培训课提升专业，但是上这些培训课前，先要有德礼的教化。"格"，是指做事进退有度，知道什么该做什么不该做，有底线，能自觉。这个时候可以用制度，制度在这里是引导，不是强迫。

《道德经》说："是以圣人欲上民，必以言下之；欲先民，必以身后之。是以圣人处上而民不重，处前而民不害。是以天下乐推而不厌。以其不争，故天下莫能与之争。"要这样来做管理，有身教，有言教，有德教，有礼教，有乐教，还有境教，等等。这段话说，圣人想要统治人民，必须在言词上对人民表示谦下；想要领导人民，必须把自己的利益放在人民利益之后。圣人处于人民之上，而人民不觉得有负担；圣人处于人民之前，而人民不感到被伤害，因此，天下百姓推崇他而不是厌弃他。因为圣人不与人争，所以天下没有人能与他争。领导者也要学圣人，先人后己，言语谦下，吃苦在前，享受在后，为而不争，不以势压人，而下属的工作又没有被扰乱，这样就形成无为之治。行教化之功，而不是增加制度条文。

以上我们谈了《道德经》的无为而治——不要制造问题。制造问题分4种情况：没有使命的战略；不重产品的销售；不懂人心的管理；没有教化的制度。一个管理者，没有把握住道，组织的缘起没有看明白，人心没有看明白，使命没有看明白，制定政策能定得准吗？没有看到问题的实质，没有看到问题的原因，只看到问题的现象，着急就现象解决问题，结果东灭西生，势必不是解决问题的究竟之道。所以，《道德经》的无为之法，不是说不做事，而是反复提醒我们不要多事，不制造问题本身就是很好地解决问题。

02 管理中的无为：自然的力量

　　《道德经》是我们民族的文化瑰宝，这部经典可以修身，也可以治企，纯粹作为哲学著作来读也有益处。今天是商业时代，我所服务的对象一般是企业家，他们在管理中遇到很多困惑，我为他们积极寻找对策，后来发现，很多问题在《道德经》中都有很好的解决方案。所以，这次讲《道德经》，主要侧重其中的管理智慧和现实运用。

　　每每读《道德经》，内心都会有很多感动与想念，仿佛又走近了老子，走进了那个战乱的时代。那些圣贤心怀百姓，为时代寻找药方。遗憾的是我辈后学学识有限，不能完整再现这部经典的全貌。我的讲解不敢说是《道德经》的原道真理，只是我个人修学的实践报告。

　　《道德经》多次提到两个字——无为。比如：

是以圣人处无为之事，行不言之教。

为无为，则无不治。

爱民治国，能无为乎？

道常无为而无不为。

侯王若能守之，万物将自化。

上德无为而无以为，下德无为而有以为。

吾是以知无为之有益。不言之教，无为之益，天下希及之。

损之又损，以至于无为，无为而无不为。

故圣人云，我无为而民自化。

为无为，事无事，味无味。

为者败之，执者失之。是以圣人无为故无败，无执故无失。

在这部经典中，"无为"二字出现了12次之多。还有一部书讲到"无为"的地方更多，庄子的《南华经》讲了60多次。在整个道家，无为是非常重要的思想，而且无为和管理的关系非常密切。

回头看，其实管理上很多事都是有为的。比如说，世界著名的管理学家法约尔提出管理有5项职能——计划、组织、指挥、协调、控制，这5项无论哪一项，在我们看来都是有为的。做企业要做计划，今年做什么，明年做什么；做企业，要把员工带动起来，做好分工，然后指挥大家去干；干的过程中发现有不协调要协调，发现有做错的要给予控制。后来还有管理七职能之说，是在这五职能的基础上加了两个——沟通和激励。

不管是五职能还是七职能，我们发现它都是指向有为，要去做，不做不行。如果你不做，很多事情推不动，事情必须得去推，一不推一不努力，这个事马上就会停滞下来。所以，在管理中谈无为之法，很多企业家不太容易理解，管理中有无为吗？管理的无为是怎么显现的？如果无为了，管理还能推动吗？

讲一个小故事。学校东墙边种了一片向日葵，上次我去看时，大约是8月2日，当时向日葵不高，今天我又走过那里，发现向日葵已经长到了一米三四那么高，郁郁葱葱的。一个多月，向日葵长了这么多，这给我很大的思考。这些向日葵只是正常地种在地里，这个月学校放假，没有人去照顾它，中间我们的园丁师傅可能给它浇过水。可是就像奇迹一般，向日葵居然可以长得这么旺盛、这么高壮。是谁帮助向日葵长得如此高大？每天有人去拔苗吗？没有。我对向日葵采取计划、组织、协调、指挥、控制了吗？它也不听我的。我们几乎什么也没做，向日葵就长起来了。它靠什么力量？自然界的力量。

这个故事说明，大自然本身有一种生长的力量。那么，这种力量可不可以用到管理当中呢？我相信，如果你会用，就可以产生管理中的无为，就像这片向日葵一样，没有照料它，它却在长，而且长得很旺盛。这里如果能够突破，可以打破我们传统的思维，走入管理的另外一片天地。

老子说："辅万物之自然而不敢为。"向日葵本身就有成长性，只要把它的种子放在土壤中，它就长啊长。这是万物之自然，不是我们的力量。我们只是一个字——辅，辅助，"不敢为"，不敢干扰，不敢破坏，不敢打乱它的成长周期。正是因为"不敢为"而处在"辅"的状态，所以，万物之一的向日葵就呈现出它本来的状态，长出了美丽的花朵，再过一个月收获，就能吃到葵花籽了。

原来，这个世界除了人类以外，还有自然界的力量，万物之自然。有人说，向日葵我们都能理解，但管理中没有向日葵啊！我们看，管理对象是什么——人、机、料、法、环。这几个硬件，员工、机器、材料、方法、制度、环境，这些管理的对象都不是向日葵，能长吗？一吨钢材，不可能长成两吨钢材，只能生锈；环境你不打扫，它就变得很脏；方法你不改进它就会落后……所以，管理中好像没有向日葵，没有向日葵怎么长？怎么辅万物之自然而不敢为呢？

在哪里发力？人心。企业管理中有向日葵，它叫人心，它是可以长的，它完全可以像向日葵一样，从一棵小苗长成高高大大的葵花，然后结籽。企业中人心非常重要，"人心齐，泰山移""上下同欲者胜"等，都在说人心的力量。所以，管理的对象不只是人、机、料、法、环，还有人心。人心的变化规律和向日葵一样，很奇妙。

人心，是管理的核心。如果你善用无为，人心就能够长，就像自然界里的向日葵一样。人心一旦长起来，我们再来计划、组织、协调、控制、指导，推动人、机、料、法、环，管理的效率自然就提升了。人心是存在的，人心是能长的，人心是无为之法的着力处。

我们见惯了自然界的无为，治企治校，无为之法怎么运用呢？我提出无为之法的四要素。

在事业中成就人生

第一，个体的愿望。从个体愿望这里开始无为。一般谈到管理，领导往往愿意谈绩效和目标。这个月我们销售目标是三千万，销售部冲市场，制造部保质量，这是管理中常见的用语，但常常把个体的愿望给忽略了。当我们忽略了个体的愿望，人心会长吗？会变得有力量吗？这就是我们管理的疏忽之处。

作为组织，首先要关心个体的愿望还是集体的行动方向？很多人马上说，肯定是集体的行动方向，这是一个组织，没有集体怎么行？这句话听起来似乎也对。2009年稻盛和夫先生接受央视《对话》栏目的采访，主持人问他："员工、客户、股东三者，您把哪个放在第一位？"稻盛先生坚定地回答说："员工第一。"他说："企业经营应该有真正的目的，这目的既不是圆技术者个人之梦，更不是肥经营者一己之私腹，而是对员工及其家属现在和未来负责。"稻盛先生的管理思维和当代流行的管理思维可能不一样，他管理的目的首先是对员工负责，从这里开始。

可能很多企业家想不通，为什么先说员工，而不是企业目标？让我们冷静想一想，当一家企业能够本着对员工负责任，员工愿不愿意为自己的美好生活而奋斗？当他这个劲头上来了，不就像那个每天在成长的向日葵吗？这时候还需要逼迫吗？员工的内驱力启动了，因为那是他自己的人生。

稻盛和夫讲过自己创业时的一次纠纷。创业到第三年时，员工找他谈判，要求提高待遇。当时企业非常困难，刚刚把欠股东的一些债还完，还要发展，稻盛和夫本人也要养家。员工说如果不能给我们提高待遇，我们就集体辞职。企业正在用人之时，如果这些人离职，企业将无以为继，稻盛和夫和他们进行了三天三夜的谈判，那次沟通让他最终明白了经营的真正意义——经营者必须为员工物质和精神两方面的幸福殚精竭虑，倾尽全力，激发员工的共鸣。当经营者能为员工倾尽全力，员工就会努力生长。为何而长？既是为企业，更是为个人。有人说，员工为个人岂不是自私？不是，那是自利，我们应该尊重、鼓励、引导员工关注个人的命运。当然，你不引导，他也会关注，因为关注个人命运是一种本能。

有人说，如果员工都关注个人命运了，企业岂不是要分家了？员工都很自私，都不顾公司了，能行吗？不要忘了，我们还有教育。如果你告诉员工，当你们变得很自私，你们的利益是得不到保证的，只有真正为组织努力，才会有大家共同的利益。用正确的思想去引导员工，保证员工利益的实现，他们怎么会不努力工作？

每个人与生俱来都渴望幸福人生，这不需要外在世界教给他，是他自己本来就有的，这就是人的觉性的存在。对于带团队，对个体的愿望一定要保持尊重。如果只是一味地谈集体目标，谈企业的伟大理想，缺少对个体的关怀，最终，集体目标恐怕也难以实现。

每一个个体都是一粒种子，他为什么会开花？为什么会结果？因为他渴望幸福的人生。没有个体愿望，这棵向日葵就不长了。他来到企业，不是成为我们利用的工具，更不是签一个劳动合同就完事了。你想激发他，让他自动成长，就要关注他，在对个体愿望进行关注和引导时，产生个体成长的动力，这种成长动力的出现就是无为。为什么叫无为？因为与生俱来，本来存在，我们只是借助这种个人成长的力量，把它汇聚起来，成为企业力量。这里的无为说的是自然之力。

向日葵有它向上成长的力量，员工也有。这种力量什么时候开始迸发？在个体愿望被关注以后，当他们发现所做的事情是有价值的，就愿意为此而奋斗。如果我们只是高谈阔论企业整体的所谓远大目标，而忽视、忽略甚至践踏个体的追求、个体的愿望，那么个体不会前进。不能启动个体内在的自觉，只能进入被迫和控制，被迫的管理、被迫的指挥，这和无为管理背道而驰。

1929年12月底，美国发生经济大恐慌，日本的松下电器公司也陷入不景气。当时公司高层下决心裁员，大家都认为不这样做公司就会破产。然而，正在养病的松下幸之助先生听完汇报，却忽地从病床上坐起来，他说："不，员工不能裁。作为高层，这时就应该与全体员工同舟共济，共渡难关，人心难买。"沉默了一会儿，老松下指示对员工一个不裁，工资照发，工人上半天班，要把工厂面临的实际困难如实告诉员工，求得他们的理解与配合。随后，公司高层宣布了老松下的指示，并当场烧毁了原来拟定的裁员名单。结果，员工都全力以赴，想尽办法推销库存产品，不到两个月时间，居然创下了公司历年来最高的销售额。工厂恢复了全天运转，企业再现欣欣向荣的景象。

从这个故事中，您看到人心的力量了吗？看到无为了吗？当我们能关注员工，员工会爆发出我们无法想象的力量，就像向日葵的奇迹一样。

教育家苏霍姆林斯基说："道德准则只有当它们变成学生独立的个人信念时，才能真正成为学生的精神财富。"这句话放在企业管理中同样适用。在企业，我们不能脱离个体的追求和愿望去讲那些空洞的大道理，那是没有用的。我们可以在墙上贴很多标语——奉献、奋斗、拼搏、付出，但员工会说，跟我有什么关系？让我奉献，我吃亏你们占便宜，我才不干呢！所以，很多企业文化就这样走空了，不能真正打动员工。

为什么企业文化没有变成员工的个人信念，不能成为员工的精神财富，甚至员工还担心企业是不是以这种大道理来算计他们？这时候企业如果不反思，就会批评员工怎么不努力，怎么不付出？我们要反思，我们有没有真正关心过他们？这种对个体的关怀极其重要，法不孤起，道不孤行，只谈集体，不谈个体，是实行不了的。

我们学校确定使命时，第一条就是：造就一批擅长育人的专家级教师，成就每一位老师的圆满人生。这个作为我们全校的共同追求，为什么？教育大计，教师为本。一所学校如果不去成就每一位教师的圆满人生，不去培养、造就他们，他们为什么要奉献呢？他们的价值在哪里？他们的晚年要去哪里？有没有依靠？能不能受人尊敬？他们的职业是不是越来越稳定？他们是否有被裁掉的风险？他们在职业中有成就感吗？他们成长了吗？他们幸福了吗？一所学校如果不明确这样的使命，使命很容易变成这样的口号——我有一个教育梦！这话说起来很好听，可是你不关心老师的愿望，不关注他们的人生，定下这些使命能实现吗？

个体愿望应该被尊重，只有这样才可能迸发出无尽的动力，才会出现真正的奉献、真正的敬业。所以，各位企业家，你家的"向日葵"愿意成长吗？他们每天有动力吗？他们长高了吗？他们在你的企业看到自己的幸福未来了吗？

如果一家企业很少关心员工个体的愿望，一般来说会出现两种情况。第一种，员工消极怠工。不干了，没有必要干，干都是给你干，双方就是合同关系，冷冰冰的。第二种，员工私心杂生。因为企业很自我，员工必然也很自我，他产生了私心，开始搞一些邪门歪道，偷个材料，卖个钢材，要个回扣，等等。虽然有制度，但上有政策下有对策，制度要靠人去执行，那个执行的人都可能被买通了。管理如果不能走向自觉，企业永无宁日。

一个团队为什么会出现整体目标那么好看，而个体退步那么快？我认为，有可能在原始设计上对个体没有关照到，只是不停地说我们要为客户服务。这些话都对，可是个体怎么办？他们从中能收获什么？一味地谈整体不谈个体，这种管理推行不了，大家要小心。

当企业的运营系统是基于对立、基于单方利益而构建时，无论怎样调整优化，都无法避免制造矛盾和人员流动。什么叫单方利益？就是只有企业一方利益，没有员工利益。员工不能共享企业的发展成果，员工在企业中看不到自己的未来。这种情况下，我们在管理中不管怎样调整优化，都有矛盾，这种矛盾难以化解。有人说，员工和企业的利益不是对立的吗？怎么可能统一？如果你这样认为，说明道没有打通，需要学习了。

　　何为共赢之道？越是维护员工利益，越能成就集体；越是成就集体，越能维护员工利益。二者不是对立的。很多企业在抓管理时为什么抓不动？基本思维是基于对立而建立的，认为员工和企业是对立的，这个旧观念让企业管理走不动了。对立就是非道，统一才是道，企业和员工是一家人，是命运共同体，这样就不会担心鼓励员工追求个体愿望，追求美好生活，那企业怎么办？因为这些疑问在道中已经化解了，员工与企业是一体的，员工越成长、越积极向上，企业发展越快。

　　所以，在这一层面，无为就是让每一个员工在成就自己的人生中日日成长。员工为什么每天在成长？他在企业的帮助下知道该如何成就自己的人生，知道该如何规划自己的未来，他知道每一天既是为企业奉献，也是为自己拼搏，成就自己的人生，他和企业是一体的。他这种敬业是稳定、持续的，而不是感性的，不是靠短暂的激励。他的成长是道法自然的，不需要企业多说多管，员工自己明白了，这是我的人生，这是我的未来，这是我的职业，这是我的追求。到这个时候，每个员工都知道自己该追求什么，并努力自觉地去追求、去实现，企业进入无为而治的状态。

在愿景中齐心前行

第二，集体的梦想。这种集体梦想对整个企业人心的激励和唤醒作用非常大。稻盛先生说："愿望是种子，是一切的开始，是最重要的因素。强烈的非比寻常的愿望才能催生出行动的力量，才能打破所谓的'常识'。"一家企业想发展，想整体快速发展，不仅要靠勤奋，靠拼搏，更要靠愿望。

这个愿望就像向日葵种子一样，这时它不是一棵向日葵，是一片向日葵，是很多向日葵，是大家共同追求的方向。1921年建党，这是一颗伟大的种子，有了这颗种子，才有了新中国，才有了我们今天的一切。这颗种子是在一百年前种下的。

电视剧《觉醒年代》片段：

"守常，我想通了，我们得建党，我们得有一个坚强的领导核心。"

"你想建一个什么样的党？"

"一个用马克思学说武装起来的先进政党，一个可以把中国引向光明，让中国人能够过上好日子的无产阶级政党。"

"你为什么要建这个政党？"

"不为什么，我为了他们，我为了他们能够像人一样地活着，为了他们能够拥有人的权利、人的快乐、人的尊严。"

"好！仲甫兄！让我们对着这些同胞宣誓吧！"

"让我们宣誓！为了让你们不再流离失所，为了让中国的老百姓过上富裕幸福的生活，为了让穷人不再受欺负，人人都能当家做主，为了人人都受教育，少有所教，老有所依。为了中华民富国强，为了民族再造复兴。我愿意奋斗终生，我愿意奋斗终生！"

1920年2月，李大钊冒险将受到警察缉捕的陈独秀送出北京，路上两人约定分别在北京和上海等地筹建党的组织，史称"南陈北李相约建党"。

这就是梦想的力量。一百年前，还只是一个梦想，没钱没枪，只有这样一颗伟大的种子。今天，我们党带领全国人民创造出一个又一个伟大奇迹，举世瞩目。从陈独秀、李大钊两人发誓那一天起，两个人对着这苍茫大地，对着那些苦难同胞一起发誓："为了让你们不再流离失所，为了让中国的老百姓过上富裕幸福的生活，为了让穷人不再受欺负，人人都能当家做主，为了人人都受教育，少有所教，老有所依，为了中华民富国强，为了民族再造复兴，我愿意奋斗终生。"这个梦想激励了后来一代又一代的中国共产党人，也唤醒了这个沉睡的民族。

你的企业有梦想吗？你的企业有种子吗？如果没有梦想，它将如何成长呢？稻盛先生说，要让全体员工拼命工作，大义名分是必不可少的，大义名分就是共同的梦想。如同这株刚刚出土的向日葵一样，它的苗还很小，可能只有几寸高，可是终有一天会长大，长成美丽的葵花。稻盛先生说，要想获得长久的成功，心中所描绘的愿望和激情必须是纯洁无瑕的。很多企业似乎也有梦想，也有激情，可惜杂染了很多私欲和野心。所以，那些激情只是短暂一瞬，甚至挑动了员工的欲望。你的企业，是否有一个纯洁无瑕的梦想？这个梦想，能不能带领员工走向未来的成功，给他们持续的动力？

企业的愿景就是共同的梦想，既有个体的愿望，例如美好的未来，富足的生活，受人尊敬的职业，安乐的晚年，也有集体的梦想，一家受人尊敬的企业，利润的持续增长，行业的美誉度，社会的认可。把个人和集体这两个放在一起，才是共同的梦想。两者合而为一，就是无为，可以让这个组织自动成长，像向日葵一样，因为这是一家有梦想的企业，一家日日都在成长的企业。

在一个有梦想的团队中，领导者的职责是什么？他是带领大家实现梦想的，这就是领导者的责任。企业领导不一定要管很多小事和细节，而是要为大家描绘出共同的梦想，带领大家一起去实现。

所以，企业管理怎么走向无为？即使你没有管，怎么让员工依然在奋斗？共同的梦想，共同的追求。就像当年那首《毛委员和我们在一起》一样，歌中唱道：

红米饭，那个南瓜汤，挖野菜，那个也当粮。

毛委员和我们在一起哟，餐餐味道香，味道香。

干稻草那个软又黄，金丝被那个盖身上，

毛委员和我们在一起哟！心里暖洋洋，暖洋洋。

穿草鞋那个背土枪，反"围剿"那个斗志旺。

毛委员和我们在一起，天天打胜仗，打胜仗。

我们可以把毛委员换成董事长，董事长和员工在一起，餐餐味道香，心里暖洋洋；董事长和员工在一起，天天打胜仗，打胜仗。这不就是管理吗？这样的企业发展速度一定是惊人的。

方太集团董事长茅忠群说："人类因梦想而前进，梦想因美善而伟大。未来10年，方太立志成为一家伟大的企业，不但要继续创造客户的需求，还要导人向善，积极承担社会责任，弘扬社会正气，推动社会进步，为中国梦的实现贡献自己的一份力量。"

方太主张"因爱伟大"。这家企业从几千万的产值迅速冲过百亿大关，开办了方太文化训练营，帮助很多企业创业发展。为什么这么做？梦想。茅董事长也是用梦想来带领他的团队，激励他的员工。

所以，这个无为是什么？让每个员工在企业共同的梦想中天天向上，就像自然界那一花一树，每天都朝气蓬勃，不再需要你反复监督、反复催促，他们为这个伟大的梦想而自强不息，生生不息。

在文化中凝聚人心

第三，文化的土壤。这些向日葵所在的土地是很松软的，很适合生长，每天早晨，太阳一升起来，就照到了它们。如果把这些向日葵种到石板路，它们是长不了的。所以，这个土壤很重要。如果土壤不够松软，不够肥沃，长不出那么茂盛的向日葵。什么是企业的土壤？就是企业的文化。所以，一家企业有了好的文化，员工就能尽情发挥，人心自然日日成长，这就是文化本身的作用。好的企业文化就像土壤滋养每一株向日葵一样，让每一个员工都有良好的成长空间。

如果你是人才，你想去什么样的企业工作？什么样的企业能充分发挥你的能力？企业什么样的文化才能人尽其才、物尽其用？

德鲁克说："管理的本质，其实就是激发和释放每一个人的善意。"这句话隐含着无为的味道，怎么激发和释放每个人的善意呢？前面谈到了个体的愿望、集体的梦想，这里还有文化。《道德经》中"生而不有，为而不恃，长而不宰"，这三句话可以作为很多企业文化的参考：生养万物而不据为己有；推动万物发展，而不恃其功绩；使万物生长而不去掌控。

如果把万物换作员工，管理中的无为就更清晰了。员工并不是企业所有，当员工为企业创造了很大业绩，企业不要夺占他们的功勋；当员工在企业想要发展，企业不要总想着掌控他们，过度掌控会使他们放不开手脚。所以，一家企业的文化设计，如果能做到

"生而不有，为而不恃，长而不宰"，员工就能主动发挥自己的能力，充分地绽放，像春天里的向日葵一样。

而很多企业因为对人有怀疑，有掌控心，有夺功之心，怕这个员工走了，怕那个员工不听话，员工好不容易作出业绩，又和员工争名夺利，最终员工失去干劲儿，也不愿意发挥个人所长。可能企业为此还沾沾自喜——逃不出我的掌心。这有什么意义？我们敢不敢"不有、不恃、不宰"？敢不敢放开手脚？

有人说，这样放开岂不是会乱吗？不会的，别忘了企业还有大文化，有共同梦想，那是真正的定海神针。所以，一家企业创造了什么文化，决定了员工会展现出什么样的姿态。

在创校之初，我定下8个字：有情有义，敢想敢担。"有情有义"代表学校不抛弃员工，对每个员工都有情义，家里有事要相互照顾，人与人之间如兄弟姐妹一般，是一家人。"敢想敢担"代表每个人去释放自己，觉得自己哪方面擅长就去竞聘，自报岗位，学校给你成长的舞台。为什么定出这样的文化？因为我们所在的是教育行业，教育目前正在改革，原来的模式正逐渐被打破，而新的道路还没有看清楚，正处于探索期。所以，稍微一束缚，老师们就不能放开手脚探索，学校会失去发展空间。我个人思考空间有限，只能为大家提供一些思想和思路，更多则需要一线的老师们放开手脚去大胆探索。如果不建立这样的文化，这条路就趟不出来，就是要放开，就是要"不有、不恃、不宰"，鼓励他们往前走。

这几年我们的班主任、社团负责人都是采取竞聘制，每一位参与竞聘者不管结果如何，我们都报以掌声，给予赞叹，在学校建立谁参加竞聘谁光荣的文化导向。学校使用干部不是靠校长一个人拍脑袋，要尊重竞聘结果，尊重集体意见。这样做就是想要创造出一种教研文化，鼓励探索，鼓励老师充分展现个人才华。

当初定下这些文化纲要，我们从小到大一点点走到今天，老师们的承担能力越来越强了，很多日常事务基本上都不再问我了，我能腾出时间考虑一些大事，抓一抓教师思想。给予他们足够的权限，一次可能做不好，两三次就好了。如果总是不放手，他们就会一直依靠我，这样既妨碍了他们的独立发挥，更不符合管理的无为。

企业需要一种文化来释放出所有潜能。德鲁克说："企业管理不仅是一门学科，还应是一种文化，即有它自己的价值观、信仰、工具和语言的一种文化。"高端的管理都在讲文化，都在指向文化，这种文化是价值观、信仰、工具、语言。德鲁克为什么提出文化？文化指向无为，让人能够自觉，能够绽放，能够发挥出个人的力量，而不是把所有人的手脚都捆住。管理这个词，一不小心就变成一张网，所有人变成网中之鱼，动弹不得，不敢越雷池半步，这样的企业会死气沉沉。死气沉沉的企业怎么会有希望？怎么会有力量？怎么会绽放？

那么，企业用什么样的文化能释放员工的潜能？有很多企业的文化可供参照借鉴：

（一）像希望别人怎样对待自己那样去对待别人；

（二）把公司和员工看成一个整体，以员工的发展为本；

（三）相信每个人都有专长，必须使别人感到他们自己很重要；

（四）以表扬的方式鼓励员工去取得业绩；

（五）把听意见当作头等大事来抓，掌握听意见的艺术；

（六）批评要讲策略；

（七）以实际行动向别人表明你是一个善始善终的人；

（八）给别人以热情；

（九）以自己的工作速度去带动众人的速度；

（十）让直接有关的人参与决策，人们会支持自己帮助建立的东西；

（十一）敞开办公室的门；

（十二）帮助别人如愿以偿；

（十三）坚持原则；

（十四）培养员工的自豪感；

（十五）告诉员工不能吃老本；

（十六）营造敢打硬仗的气氛；

（十七）创造一种使部下热爱本职工作的环境；

（十八）重视销售机构，尊重技术人员；

（十九）决不要拿政策做挡箭牌或摆架子；

（二十）成为解决问题的能手；

（二十一）减轻对部下的压力；

（二十二）从公司内部培养人才；

（二十三）无论工作时还是工作之余，都应该像希望别人怎样对待自己那样去对待别人。

这是玛丽凯公司的企业文化,这种文化主要的作用在于人尽其才,让每个人得以充分地释放自身才华。

再比如,有一种文化叫"微笑的力量",一个团队在一起能够笑起来:

(一)没有笑容的地方必无工作成果可言;

(二)笑容是传达爱意的捷径;

(三)笑容可以轻易除去人与人之间的隔阂;

(四)笑容是建立信赖的第一步,会成为心灵之友;

(五)笑容可以除去悲伤不安,打破僵局;

(六)婴儿般的笑容最诱人;

(七)笑容能改善健康,增加活力。

这又是一个很好的管理文化,微笑的力量。如果人和人之间关系非常紧张,代表大家心里都很紧张,又怎么会有好沟通和好创意?充满微笑的地方才是充满动力的地方,就像花蕾般即将绽放。

你的企业该建立什么样的文化,让员工能够舒心、放心、开心、尽心地工作?让每一个人都能把自己的潜力发挥出来,每天成长?人心是变化的,开心是一天,不开心也是一天,开心不开心不能用制度来管理。如果员工内心欢喜,成长得就特别快。

我们在学校给孩子做的是心性教育,心性教育有一个特别重要的元素就是欢乐,孩子每天在学校必须很放松、很欢乐,心无挂碍。孩子们见到老师很快乐,见到校长很快乐,见到谁都很快乐,从早到晚一天又一天。然后你就会发现，孩子身心很健康，智慧也很发达，大脑非常灵敏，就这么简单。我们叫"心无挂碍的教育"，孩子的内心无论是对老师、对班级，还是对同学，都没有纠结的地方。周末回家，父母也如是陪伴，孩子们很开心，身心全面发展，特别有灵气，思路也非常开阔，说话也很自信、很阳光，不担心别人的嘲笑，这就是文化带来的力量。

所以，教育本身也是一种文化。要想把孩子教好，就要先营造这么一个文化氛围，让孩子沐浴在其中，每天无忧无虑地成长。孩子们来到我们学校，也像小树苗一样，我们考虑提供什么样的土壤、什么样的环境、什么样的和风细雨，树苗才能长得快。

所以，这里的无为就是让每一个员工在企业文化中发挥力量。管理的对象不仅是一台设备、一堆物料、一套产品，它更是人。人的可变性非常大，而且能够成长。如果员工成长起来，五天能干出八天的活儿；如果员工不开心，可能三天干不出一天的活儿。特别是搞研发的，想做出更好的创新产品，企业的文化土壤非常重要。

在学习中持续成长

第四，学习的力量。通过学习来促进组织和个体的成长。一家企业，如果能不断地推进员工的学习，员工就会成长，员工成长就会实现客户满意，客户满意就会实现员工幸福，从而形成良性循环。客户为什么不满意？特别是服务业，是客户的要求和员工的能力之间产生了差距，这个差距要通过学习来弥补。

领导者如果只是一味地提要求，而员工并没有改变，客户满意度还是上不来；客户满意度上不来，员工收入保证不了，形成恶性循环。所以，一家企业如果想要客户满意员工又幸福，一个推动方法就是抓学习、抓成长，就像每天给苗浇水一样。

文化像土壤一样，而学习像养料、像水分，把水分、养料给足，树苗就长起来了。如果我们对着树苗每天就是大吼——你怎么不开花？你怎么不结果？有用吗？为什么不开花不结果？缺水缺养料，长不出来。让员工成长是企业的责任。很多企业为什么总也做不大？因为团队一直没有抓学习，缺水缺养料。

这种学习从每周到每月到每年，要形成计划。我们自办校以来，特别重视老师的学习，每年学生一放寒暑假，老师就开始学习，既有大型的授课，也有集体教研。每次学习结束，老师们特别兴奋："这次学习收获太多了，教育的理论、实践、经验、方法有了一个新突破。"再一开学就会发现，各班级的教学质量提高一大截。

学习必须要抓，一家企业不抓学习，团队就无法做大。稻盛先生说："企业家要在内部确立正确的思维方式，确立正确的哲学，并不懈努力与员工们共同拥有这种思维方式和哲学。这样的话，企业就一定能发展，一定保持长期的繁荣。"他说，当企业有了文化，要通过学习把这种文化普及，让员工共同拥有这种思维方式和哲学，员工要学企业文化、企业哲学，获得这种正确的思维方式。我们说某个员工不敬业、不爱岗，那他学习过敬业爱岗的思维方式吗？如果没有，那是我们培训没有到位。作为企业，不要去指责，要去化解。指责是对立，对立不能解决问题，反而制造问题。任何一家企业都招聘不到为你量身定做的员工，他们总是带着这样那样过去的经验和习气，你会发现每个员工和企业都不完全一样。所以，你要通过抓学习——学文化、学专业，就像给树浇水，不浇水它就不长。

我们为什么总是喜欢有为呢？因为有为见效快。比如说我一按开关，灯就亮了。为什么对于无为，人们觉得不容易发力呢？比如说，我给这棵树浇了水，即使当天浇水，也看不到这棵树突然就长起来了，于是可能认为，这水白浇了，没有用。不是的，用无为的要等得起，不是一浇水树马上就见长，没有那么快，但它确实在长，会自动长，你只管浇水就好。给员工上那些该上的课程，教员工正确的思维方式、正确地为客户服务的专业能力，把水一次次浇出去，然后你发现员工会一点一点地变化。可能一次浇水能变化一年，一个思路打通了，他以后会一直用，这种效率非常高。

有人算过一笔账，学习如果抓对了，效率是 10 倍，甚至到 40 倍。换言之，你只浇了一桶水，而这棵树会开出很多的花朵。这两天我在看陈一丹先生的《躬笃集》，中间有一段奥巴马先生和他的对话。奥巴马说好的教育会帮助个人在现实世界里找到自己的位置，为自己提供生活的意义，发展出自己的原则，找到理想的生活状态，成为一个更完整的人。让整个社会享受良好的教育很重要，这样的社会不仅生产力更高，也更有希望孕育出伟大的艺术和文学作品，更有人文气息。这是所有社会的最终目的。当时两个人在一起谈教育，教育是所有社会的最终目的。好的教育，可以让员工成为更完整的人，找到生活的意义，找到人生的价值观，找到理想的生活状态，而这些工作都是企业应该为员工做的，都应该通过学习和培训来完成。一家企业如果不抓学习，等于长期不给员工浇水施肥，那员工怎么会成长呢？而这种学习和培训，更像管理中的无为，而不是有为，不需要立竿见影，但自然会是持续成长的动力。员工会在浇水之后自强不息，日异月更，在持续的学习中天天向上。

我给大家介绍了4种依靠自然界的力量使人心成长的方式。个体的愿望、集体的梦想、文化的土壤和学习的力量，这四种要素都指向无为之法，促进人心的变化，可能不会马上看到效果，但是放在三年五年乃至更长时间看，变化是巨大的，而且是自动变化、自动成长。它不像流水线上做产品，只要一供电产品马上出来，它是以无为的方式进行。无为，不是不作为，是借助自然界的力量，辅助人心的成长。人心本身就是一颗种子，具有成长变化的能力，重点在于我们是否能对人心给予正确的土壤、正确的引领、正确的施肥、正确的关注和陪伴。当人心在不断成长时，这家企业就会越变越好，越变越强大。这种管理中的无为属于自然界本身的力量，因此人心的力量才得以发挥。向日葵一个月可以长那么高，人心一年、两年、三年也可以发生巨大的变化——价值观的变化、专业能力的变化、对美好生活追求的变化、做贡献的变化、自觉爱护企业的变化，这些都能出现。

人心里有无限的宝藏，关键是企业如何去开发它。自然界有这样的奇迹，在人类世界也有着同样的奇迹。道法自然，人与天地有相近之处，只看我们是否会运用。无为，并不是什么都不做，而是看到了人心，看到了自然界的法则，能够遵循自然界的法则，恒顺人心，滋养人心，绽放人心，开启人心。这个时候，我们才逐渐深入到无为的境界，才知道管理还可以这么做。

所以，管理如果只是谈方法、谈制度、谈技术，不谈人心，不知道人心是变化的，也不知道人心变化的规律，只能停留在有为的世界，还没摸到无为的门径。只能拼命地管，直到有一天你管不动了，企业增设很多管理人员，成本越来越高，而且一放就乱，一收就死，进退两难。爱民治国，能无为乎？为什么不能无为呢？无为的管理欣欣向荣，浑然天成，道法自然，这样的管理不正是我们应该追求的吗？

03 管理中的无为：尊道而贵德

这一路走过来，我们一起学传统文化，互相陪伴，互相鼓励，互相支持。如果没有大家对传统文化学习的热望，恐怕也没有我对经典讲解的这份热情。我和大家一样，都是经典的初学者，不敢说有很深的造诣，只是很喜欢，愿意把我的学习体会分享给大家。我们先来看一些感恩名言：

（一）知道感恩的人，有福。

（二）感恩是人生快乐的金钥匙。

（三）凡是你所感恩的，你将拥有更多。

（四）感恩是一种素养，感恩是一种智慧。

（五）感恩得善缘，感恩得智慧。

（六）在这个世界上，每一天都有人在默默地为我们付出着。真诚地感恩他们，生活会更加美好。

感恩圣贤，感恩历代传承圣贤智慧的先辈。很多朋友对无为很感兴趣，觉得似乎听懂了，又似乎抓不住。无为而治非常重要，不管是治企业、治学校，包括治国，都是非常微妙但成果显著的好方法，运用得当，会使团队作风、效率变得大不一样，领导者也更自在，甚至垂拱而治——"治大国若烹小鲜"。

有朋友说，不要说治大国了，就治理这一百多员工我都焦头烂额，哪还有"若烹小鲜"这种悠闲心情？还有朋友说，无为而治是不是企业就不用管了？平时管都管不过来，不管企业岂不是更乱？让我无为，做不到啊。

为什么我们做企业会这么累，这么艰难？是不是还有什么关键点没有悟透？我们学了《道德经》，到底该有为还是无为？这部经典从字面来看，很多地方讲的是无为，比如"无为而无不为""生而不有，为而不恃，长而不宰"，都在向无为的方向走；同时也有这样的话，"水善利万物而不争""圣人之道，为而不争"，这很明显又是有为。那么，企业管理者到底要有为还是无为？怎么能够无为而治？怎么能够若烹小鲜？无为的企业怎么就能无不为的，其中的奥妙是什么？

本讲为大家梳理无为的过程，说清实现无为而治背后的原理。无为而治的起点在于——"万物莫不尊道而贵德"。如果想了解无为而治，一定要读懂这句话，尤其是核心5个字——"尊道而贵德"。如果你知道万物是如何尊道而贵德的，离无为而治应该就不远了。

"尊道而贵德"，道是什么？德是什么？怎么尊？如何贵？其实最初在读《道德经》时，我也有这样的疑问，经中多次出现道和德，而且出现的位置不同，内涵也不一样。圣人经典，微言大义，我们来不及细说道与德的全貌，依旧从管理的视角来做现实的解读。

"长胡子的老者，你是否还在苍天的尽头，能不能把那个道再给我们说个透？"如果有一天真能见到老子，我想问一问："您说这个道，到底是什么？我们怎么尊道贵德？"《道德经》五千言，后人到底怎么参？既然这部经典是为人间而写，为解决当时的问题而写，那么，顺着世间对人性的认知和社会的发展轨迹，大约就能找到道的痕迹。

我们从两点说起：一是对人性的认知，二是组织的缘起。这两点如果能参透，再看道和德，或许能看到本来的面目。一家企业，既是一个集体组织，又有个体在其中，两者同时出现，交互存在。

正确认知人性，实现企业良性运转

一、对人性的认知。每个人都有人性，人性以自利性呈现，这是天然的、本来的、不可回避的、不能反对的。这种自利性，表现为人们对生存的追求、生活的追求、生命的追求、精神的追求、物质的需求、幸福的向往等。每个人一出生就这样，一个婴儿，还不会说话走路，但他饿了要吃奶，困了要睡觉，人的自利性是本能，与生俱来，不用教。

有人说人性分性本善、性本恶，其实，所谓善和恶，是社会给人性贴的标签，说这个人善那个人恶。可就那个人本身来说，他只有自利性。比如，一个强盗抢了别人的财产，这个行为肯定是恶的，可对这个强盗来说，他的这个恶行是为了满足生存。所以，我们先不谈社会标准，从个体来看，人的自利性本来存在，要尊重这个本来存在，从这里谈人性，先不着急下定论。应该看到，无论是一个高尚的人还是一个卑劣的人、一个聪明的人还是一个愚笨的人、一个上层人还是一个下层人，他们在人性上都有自利性的一面，这是相同的。这一点我们首先要给予肯定，这是对人性的认知。

无论是东方的儒释道墨法各大家，还是西方的柏拉图、亚当·斯密、马斯洛等学者，都承认人性自利性的存在，只是描述不一样。比如马斯洛的需求论，就是人性自利性的显现。无论东方西方、古代现代，哲学探讨在涉及人性时，都不能否认人本来存在的自利性。

人的自利性体现在日常生活的方方面面。比如，人们要去工作挣钱，满足温饱，养活家人，要买房买车，要过更好的生活。自利性同时表现为追求生命的意义，希望度过有价值的人生。自利性本身没有什么，是生命的自然本能，是客观的，不必否定。

但是，这种自利性如果没有加以正确引导，就可能出现两种错误的方向：第一种，以自私的手段来实现自利，以伤害别人为代价实现自利，比如说抢、盗、贪污、侵略战争等。发起者想实现自利，但实现方式是错误的。第二种，以功利来实现自利。功利，违背了事物的成长规律。比如说，我种一粒种子，却想收获十粒种子的果实,这不可能。或者说,我种一棵果树苗,三天就想摘果子,这不可能。违背自然界的规律来实现自利是错误的。

第一种是不想付出只要收获,通过剥夺别人来实现自利;第二种是少付出要大收获,以小谋大,心存侥幸。这两种方式都不足以实现真正长久的自利。但因为人们没有受过教化,不知道什么是正确的自利,或者使用错误的方法还成功了,偶一恣行而获小利。比如说,强盗第一次抢劫就成功了,偶然的成功,可能引导他建立功利思维和自私思维。但最终事实会证明,功利思维和自私思维都是错的。

这就是今天社会很多恶劣现象背后的原因。人有自利性,但是没有智慧,自利最终是无法实现的。

这个时候,道出现了。道的作用是什么?人有自利性,这个自利性应该被尊重。如何遵循正确的原理,使用正确的方法,去实现人的自利?这是道要解决的问题。道本身没有反对人的自利,它只是引导和教会你正确实现你的自利。

正确的自利大体包括三部分。第一部分,在利他中实现自利,不仅符合社会的法则,更是尊道而贵德。利他者自利,符合社会法则。比如,甲方乙方签订合同,货到付款,货真价实,你完成了我的任务,我支付你该得的钱款。因利他而自利,这在商业中体现得特别明显。再往深说就是因果之道,在利他中种下了自利的因,随后产生自利的果。利他为因,自利为果。

第二部分,遵循客观规律,实现自利。尊道是自利的前提。你想种白菜，要到三个月，要撒种子，要浇水，要施肥；想种果树，要等三年。所有事情都要遵循规律。你想让孩子找个好工作，不仅要有文凭，还要有德、有才、有好身体。无德无才怎能就业呢？只靠一个文凭够吗？这不符合规律。有人问我，孩子为什么会失业？因为他的成长没有遵循客观规律。

每个企业招聘，需要什么人？要的是能为企业创造价值的人，而不是拿着一本学历证书但不会做人、不会做事的人。所以，你只想求漂亮的学历，没考虑让孩子德才兼备，就希望孩子有好工作，这不符合规律，实现不了。做事情要遵循规律，不能拔苗助长，不能跨越，要学大自然，自然界本来就这么运转的，所以叫道法自然。春种秋收是道，日出日落是道，万物有生长期是道，种豆得豆种瓜得瓜是道，你不能跨越这个道，不能违背规律。

第三部分，在与万物共生共荣中实现自利。人在天地间不是孤立存在的，上有天下有地，万物养育你，你要回归万物、回报万物。如果你伤害万物，最终万物也会抛弃你。所以，不与万物相和谐，就没法自利。人类也一样，尊重自然，自然就养育人类；不尊重自然，自然就会吞噬人类。人在自然中，要和自然共生共荣。圣人告诉我们"天人合一"，人类不能过度榨取大自然的资源。人也要和国家共生共荣。国家建立军队，为你提供保护；国家创办学校，为你提供教育；国家组织生产，为你提供衣食；国家完善公共设施，为你提供便利；国家积极防疫，为你生命安全……如果你说我不管国家，只管我自己，对不起，你错了，未来走不远。所以，爱国也是道。

与万事万物共生共荣，这都是道，道在这里讲的是正确的自利观。前面两种错误的自利观——自私型的自利和功利型的自利，都实现不了。人天生带着自利性，通过道的教化，就可以实现正确的自利。

那么，人能不能接受道？这个道对于人的教化是强迫还是随顺？圣人并没有强迫你必须信这个道，道本来存在，你信不信都存在。只是，违背道的人会受苦，遵守道的人会得乐。圣人看到人类明明要幸福，却因为不知道、违背道而白白受苦，心生怜悯，所以留下经典，文以载道，把规律告诉后人。学了道，你可以实现正确的自利，包括你的生存、生活、生命、物质、精神、幸福等，都能正确地实现，而不是错误地实现。所以，道非常符合人性，只是人不学，不知道，不学你不明白这个道。不知道，你可能会选择错误的自利；学了你就明白了正确的自利。

所以，中国文化并不反对人的自利；本来就有的自利，也不能磨灭。中国文化是教我们顺着人的自利性，把它引到正道上去，正确地实现就可以了——因利他而自利，遵循规律而自利，与万物共生而自利，这是文化要去做的事情。

了解了人的自利性，知道了道，明白了道是教我们正确的自利。该怎么落实呢？这时候德出现了，德就是依道去做。德也通"得"，如果人能按照道去做，就能得到，你的生存、生活、生命都得了，你的物质精神都得了，所以"德者，得也"。这个得来自道，没有违背人性，是顺着人性，把正确的思维转成正确的行为，道就成了德。

到这里，这个道和这个德我们就基本上梳理清楚了。

如果我们不传承这个道，不教导人们通过正确的自利而自然地建立德，而是一味地强迫人有德，德容易走向虚伪，走向道德绑架，无法实现道德的持续自觉。这也是很多道德教育走偏的缘由。不尊重人性，甚至否定人性，命令式地要求人人都必须有德，只有自己可以例外，那怎么能行？这种强迫没有把道理讲清楚，出现虚伪缘于内心没有对道的自觉认同，只是被外在环境胁迫，所以要装作有德。而内心不明道，可能就是无德。这时可能出现一个双面人：表面看起来很有德，实际上无德。这是一个虚伪的小人。小人也想自利，只是没有得到道德教化，不知道如何正确地实现自利而已。

把道德变成绑架，并不是传统文化所主张的，是教错了或者学错了，传统文化不绑架任何人。如果拿传统文化去绑架人，社会会走向对立，表里不一。道德虽好，如果没有弄明白，人性中的自利性依然存在，就会走向自私，走向功利。这种自私和功利显现为无德，人变成了有德无德的混杂，有德部分是伪装的，无德部分是真的，真正原因是道上没有打开。

万物要尊道而贵德，每个人的人性都带着自利性，要给予尊重和肯定。当他没有接受道的引导，会走向错误的方向——以自私、功利实现自利，这就是恶；当道出现了，给他引导到正确的自利，实践这种正确的自利，既有了德也有了得，良性循环，这就是善。举个例子：爱国是道，一个人按照爱国的道去做，就有了爱国的德，也有了爱国的得——得到国家的保护和帮助等，实现了个人的自利——安全的需求、归属的需求、尊严的需求，等等。另一个人不知道爱国是道，不按照爱国的道去做，比如叛国，就没有爱国的德，也没有爱国的得——得不到国家的保护和帮助等，反而被惩罚，不能实现个人的自利——安全的需求、归属的需求、尊严的需求，等等。还有一个人，知道应该爱自己的祖国，但对爱国的道没有悟透，表面挺爱国，内心不爱国，变成了虚伪的小人。受内心自利性的驱使，伤害国家利益满足私欲，贪赃枉法，被发现后，之前享有的爱国的德与得会丧失，最终被惩罚，部分已经实现的自利——贪污的钱款等被迫交还。所以，只有真正尊道而贵德，才能让每个生命个体回归到合理状态和良性循环，这个过程就是无为。

人的自利性本来就存在，依道而行，正确地自利，最终实现了得。无为是本来存在，自利性存在，道存在，德存在，把它合理地用出来。所以，这个道要尊，这个德要贵，尊道而贵德来实现自利，就进入了无为。

无为，是万物归于本来的秩序，不是什么都不做。我们本来就应该尊道而贵德，只是没有人教你的时候，你不知道。一个愚痴的人，不可能真正道德高尚，既做不到也不可能伪装那么久；而真正道德高尚的人都是智者，这就是觉悟人生与奉献人生的关系——能够奉献人生的人，基本已经完成了觉悟人生，而不能完成觉悟人生的人，很难去奉献人生。所以，一个人一直在奉献，这不是无缘无故的；一个人一直道德高尚，而且高尚一生，因为他觉悟了、明白了，他是智者。所以，善恶的背后不只是善恶，还有愚痴和智慧的差别。我们不轻易说谁是恶人，因为恶人背后是愚痴。如果只是单纯地说谁是恶人，是没有看到恶人也有自利性，他只是没有回到尊道而贵德，从而进入愚痴的行列，这是教化没有到位造成的。如果我们一味地在现象上说善恶，无论怎样评说，社会依然以善恶交织而存在，甚至还可能往下滑。就现象说现象不解决问题，我们要分析现象背后的原因。

人本来有自利性，为什么滑向两端——有的善？有的恶？善是正确的自利，恶是错误的自利。善与恶都没有否定人性的自利性，只是，有的人幸运地遇到了道，尊道而贵德，正确地实现了自利，回归本来的状态；有的人不幸运，没有遇到道或者遇到但没有弄明白，错误地去实现自利，就这么一个区别。善恶都是现象，往深说是愚痴和智慧的问题。

"是以万物莫不尊道而贵德"，万物为什么要尊道而贵德？不是伪装，不是强迫，是道法自然，是合理的、持续的、自觉的。因为万物以正确的思维方式和行为方式，能够共生共荣、依道而贵、依德而乐。这不是平时一般理解的道德，是对人性重新来分析和看待。

管理者要带团队，不了解人性带不了，管他逼他都没用，只能道法自然，带领员工尊道而贵德，这是管理者应该做的事情。从无为之法的层面来说，尊道而贵德才是管理，这种管理就是"生而不有，为而不恃，长而不宰"，违逆人性会徒劳无功，只能随顺人性用道德把团队教化出来。

那么，如何使员工尊道而贵德呢？大体有两件事：第一，要给员工传授正确自利的道，而不是反对自利。第二，要推动员工依道而行，要去做，正确自利的行就会有这个德，员工最后会收获正确自利的果，人性获得绽放和成长，精神和物质都日趋幸福。这样做管理，员工当然愿意听从，因为它符合规律，不是在制造，不是在强迫，合乎道理，这种管理就是无为。

二、组织的缘起。企业是一个组织，学校是一个组织，国家是一个组织。首先，组织是怎样诞生的？人类为什么要进入组织？为什么不做独行侠？为什么成立家庭、成立企业、成立国家？

组织是人类在追求更好的自利中形成的文明形式。人类本来就有自利性，希望更好地自利，但个体的力量单薄，更好的自利是在组织中。比如，通常来说一个人需要有家庭，如果没有家庭，很多心愿实现不了。所以，组织为什么会出现？它符合人性。人类为了追求更美好的生活，发现了组织这种非常合理的文明形式。比如挖井，我一个人挖这口井可能需要一百天，等到一百天时，我已经渴死了；十个人挖这口井，三天就挖好了，人人都有水喝。人类在远古时期就发现，在集体中更容易生存。要进行合作，首先要加入集体，这是组织诞生的缘起。

组织有两个基本法则：第一，对外，组织必须为社会创造价值，才能存在下去。组织本身也要存在，任何一个组织如果对社会没有价值，它就要出问题，要消亡。比如一个贩毒团伙，对人类有伤害，所以警察把它端掉了。黄赌毒都有组织，但不能为社会创造价值，对社会伤害极大，所以必须消灭，或者自动解散。组织要为社会创造价值，和社会共生共荣，才能存在。共生，这是道。

第二，对内，组织必须保证组织成员正确地实现自利目标，成员才会长期跟随。组织是个体成员的集结，个体成员带着本有的自利性加入组织，如果个体的自利性得不到实现，他就会选择离开。比如，两个人结婚组建一个家庭，要合力解决生存问题，要共同实现幸福生活。生存，家里要有房，满足日常衣食住行；生活，两个人互敬互助、相亲相爱。如果一个家庭生存都不能保证，或者互相伤害，就会选择离婚。所以，组织本身必须保证内部成员自利性的实现，这符合人性。

组织的这两个原则连在一起，形成第三句话：组织只有带领成员为社会创造价值，由此实现成员的自利目标，才能达成组织的持续存在，这就是组织本身的道。比如，学校是一个组织，我必须带领老师们为社会创造价值。学校的价值是为国家培养人才，只有当我们能为国家培养人才，学校才会持续存在。我们学校能保证老师自利目标的实现——成为受人尊敬的优秀教师，乃至教育家。这是一所学校存在的两大法则。企业也一样：对外要为社会创造价值；对内要保证员工自利目标的实现。我们不能违背人性，它本来就存在，不能和它对抗，对抗也没有用，会失败。

用组织的这两大原则观察一家企业，能看出一家企业能否良性运转。一者，这两条是否具备；再者，这两条不能孤行。只保证成员利益，不创造社会价值，不行；只创造社会价值，不保证成员利益，也不行。这两个彼此关联互动，组织才能运转下去。

尊道"三举措",形成正确的思维方式

为什么尊道而贵德,前面讲了人性的认知和组织的缘起两个部分。这个人进入组织成为员工了,如何无为而治呢?只要你了解人性、了解企业的缘起,就可能无为而治。

首先来看尊道在企业怎么运用。

第一,建立组织的使命,保证组织的社会价值和意义。使命如果建立不了,这个组织将要走向解散。使命在企业中是道的运用,是文化在企业中的显现。什么道?组织缘起的道,组织根本存在的道。不按这个道走,组织将消亡、解散,不能创造价值,堕落为无用。

第二,教导员工建立正确的自利观。组织有了使命,就有了方向,但是,组织由员工构成,员工带着自利性来到企业,员工的自利性如果引导好了就进入道,引导不好就进入非道。如果员工进入非道,就不能完成使命。所以,他的自利性要给予肯定,同时要加以引导,要教员工,给员工道,帮助员工建立正确的自利观。只有教员工建立正确的自利观,才能保证员工自利目标的实现。教员工正确的自利观不是道德说教,是帮助员工成长,教他道,教他利他,教他不自私,这才真正帮到他了。教他道是教他正确地实现自利。在利他中实现自利,遵循客观规律实现自利,与万物共生共荣实现自利,这些都要教给员工。在利他中实现自利,要为他人着想;遵循客观规律,做事要遵守流程、规范和制度;与万物共生共荣,做

事不能伤害组织，不能伤害国家，不能伤害他人。

第三，教导组织成员用正确的自利观践行组织使命。建立组织使命和建立员工正确的自利观合并起来，让员工用正确的自利观去兑现组织使命。这样可以保证组织的存在与发展，同时保证成员正确地实现自利。企业得发展，员工得幸福，都符合道，尊道贵德的组织文化就搭建好了。

这里总共分为三步：第一，建立整体的道——组织使命；第二，建立个体的道——正确的自利观（价值观）；第三，把第一和第二合起来，用个人的道去推动组织的道。道在企业中的落地一共分三步：整体、个体、个体推动整体。使命、愿景和价值观，使命是整体的道，价值观是个体的道，整体个体联合发力，用个体正确的价值观实现组织使命，是愿景。文化三要素出现了。组织和个体正确思维方式的建立，这是道的部分，"尊道"；把道落地形成可以操作的行为，做成系统，就出现了德，"贵德"。

贵德"三用"，形成正确的行为模式

这里的德不是普通的美德——好人好事，是管理中的"德"。德有三用。第一个德用，基于使命建立组织运行系统。使命需要集体去落实，一群人形成一个组织，要去创造社会价值，保证组织的存在，必须依靠系统。所以，集体必须建立系统，形成合作分工模式，用以保证组织的社会价值可以高效地创造出来。企业的第一德就是系统。如果系统很杂乱，这是少德；如果系统不能创造社会价值，这是无德。所以，在尊道的基础上，贵德的第一步是把系统建好，做组织设计。

第二个德用，基于系统建立个体行为规范。整体系统有了，需要规范个体。车有了，但螺丝不能生锈，轴承不能反转，要形成个体在组织中的正确行为模式。不仅要系统正确，其中的每个个体也要正确，所以，对个体要建立规范并进行培训。在企业中，建立系统是企业之德，建立规范是个体之德，二者互相依存。个体之德主要表现为两种：敬业和专业。敬业，主动遵守组织原则；专业，有能力完成所在岗位的任务。个体的德也是基于道而建立的，所以，要遵守组织原则，不能破坏这个原则。比如，企业每天8点上班，我非要9点来，这个岗位没人了，就会出问题；或者今天需要你教课，你说"我不会"，这不行，不能说"我不会"，不能说"我不干"，这都是非德。个体只想挣钱拿工资，但不想敬业不能专业，这是错误的自利观。这种错误怎么解决？用文化，先尊道，帮助个体建立正确的自利观，然后贵德，教导个体如何遵守组织原则，完成自己应该完成的任务。

第三个德用，每次完成组织任务，组织要兑现个体的自利目标。如果企业不肯兑现，不能实现员工的自利目标，就是悖道失德。员工会说，你告诉我只要敬业和专业，就能实现我的自利，实现幸福，可是我的自利目标没实现，你在骗我，我在组织中没有找到幸福，我要离开。

前面在组织的两大缘起中说过，组织必须保证成员实现正确的自利，这是组织本身的原则。丢失了这个原则，员工会离开组织。所以，保障组织成员正确的自利目标可持续实现，是企业的第三个德用。

一家企业有合理的分配制度和奖惩制度，这是德。不能欺诈员工，不能占员工的便宜，否则，员工会和企业对抗。为什么要给员工及时兑现？因为他要生存，要满足物质和精神需求，这本来都是应该的，要遵守自然规律，不要违背道。当任务完成，一定要及时兑现，这是企业应该执行的规则。

建立整体运行系统，建立个体行为规范，兑现个体自利目标，通过这一系列操作，形成组织和个体的正确行为模式，贵德就出现了。这些并不难，是基于人性而说人性，基于现实而说现实，符合客观规律。人性本来如此，难道你要违逆吗？企业本来就要这样运转，难道你要对抗吗？所以，管理没有做好，深层原因是你没有尊道而贵德。该尊的道没有建立，该贵的德没有落实，所以出现了运行的障碍，能回归就没有问题。没有尊道而贵德的原因又是什么？不知道，不相信，不肯做。不知道，就会不知如何操作；不相信，要继续学习；不肯做，背后有自我在干扰。

所以，做管理要了解人性，做企业要了解组织的缘起。要知道一个组织是怎么运行的，遵循这些原则就能推进组织发展，再回到微观上解决局部小问题就好办了。如果宏观架构不清晰，整体设计有缺陷，微观问题是处理不完的，尊道而贵德是管理的根本。

到这里，我们再来看《道德经·第五十一章》，就会豁然开朗。

道生之，德畜之，物形之，势成之。是以万物莫不尊道而贵德。道之尊，德之贵，夫莫之命而常自然。故道生之，德畜之，长之育之，亭之毒之，养之覆之。生而不有，为而不恃，长而不宰。是谓玄德。

企业（组织）本来就是这样，把本来用好就行，成为一个可以实操的系统。要了解其中的道是什么，企业的道是什么，个人的道又是什么，怎么把企业引回道中。

企业为什么会出问题？组织没有遵守组织的道，个人的自利性被导偏。个体的自私和组织的无道，两者叠加而出现了一系列问题，企业就很难管，不能"治大国若烹小鲜"，因为走错了路。

《道德经》说要"善利万物"，就是让万物尊道而贵德，尊重这些本来。对个体的尊重，保证组织的存在与发展，保证整个社会的繁荣，这都是善利万物。无论是个体，还是组织，乃至社会，当运行在大道上，都得到了发展，彼此没有互害、没有冲撞、没有矛盾。员工热爱企业，企业关怀员工，企业服务社会，社会支持企业，万物就这样运转起来了。一个良好的社会，背后的原因是尊道而贵德，万事万物回归到本来状态。

所以，"爱民治国，能无为乎"，治理企业、治理国家能遵守这些规律吗？能遵守就是无为，不去打乱事物本有的秩序。你爱你的员工吗？怎么爱？溺爱吗？你治理企业，怎么治理？单纯地管控吗？"侯王若能守之，万物将自化"，守什么？守道守德，用于实践。如果我们能这么做，万物在道德中自化。为什么能自化？符合人性，符合自然。怎么自化？万物归于道、归于德，就自化了，按对的走，错的慢慢也被引导回来了。读懂了天地，看懂了道德，就明白"君子乐得做君子，小人冤枉做小人"。谁做小人，谁是傻子；谁做君子，谁是智者。社会自化了，都争当智者，谁也不愿意做小人，做小人吃亏，都争当利他的人，谁也不愿意自私，都知道自私是错误的，就自化了。自化的前提是——道和德要立住，尊重人性和自然规律，然后就可以无为而无不为了，事物自动运转。到这里，问题基本就说清楚了。

无为而治，背后的原理部分是尊道而贵德。尊道三部分：人性的认知，组织的缘起，以及两者的结合；贵德三部分：系统，个体行为规则，以及员工自利目标的兑现。道与德联合起来，系统运转起来，各自实现，就自化了。

相关问答

问题一：无为之法在企业管理中落实，需要注意哪些问题？

答：最常见两个问题：第一，不尊道。指不尊重人性、不尊重组织本身的缘起，表现为不了解人性，不顺应人性，不了解组织缘起，不适应组织缘起。组织和人性发生了很大的冲撞，教化变成说教，组织运行不动。

第二，不贵德。道，谈得多了就是概念，不去落实没有用。不抓教育，不建系统，不抓员工的敬业精神和专业化培养，也没有做好企业的分配制度和奖惩制度，就是没有把德落实。落实德得下很多功夫，不能功利、侥幸，要用很多心思把系统建好，保证系统是良性、健康的；要花很大精力去陪伴员工，培养他们的专业化和敬业意识；要关注企业整体的发展和分配奖励制度，保证员工实现可持续的美好生活。

这两个问题想要重视起来，需要明道、学道、用道、落实德。

问题二：无为之法是管理的远期目标，有为法如何一步一步上升到无为之法，或者有为法和无为之法如何并用？

答：这个问题可能是被概念套住了，无为不是不作为，无为是不乱作为，是严谨地遵守客观规律做事。

《道德经》说的无为，从现象看，也是有所作为的。它和一般有为的区别在于，是在遵循道和德的基础上，道法自然地有为；一般的有为只是强调勤奋付出，如果没有尊道与贵德，这个有为可能是错的，甚至会误事。你很忙很累，但是没有成绩，没有抓住问题的关键点。什么都不做是懒政，并不是无为，大家不要被概念给套进去。

问题三：我想用无为之法，可是觉得自己修为不够，用着用着就用不好，怎么回事呢？

答：第一，可能是道不明。想用无为之法，对道要做深入的学习。道首先是对人性的认知和引导，它不是在现象上说善恶、说勤奋懒惰，不做现象纠缠，纠缠不解决问题。即便把员工开除了，他也不能敬业，要看到人性本有的自利性，然后去引导他。

当然，引导不是万能的，但100个员工一定会有接受你引导的人。如果能把80个引导好，那20个即使不接受引导，可以离开，没问题；如果不引导，就可能有一大半出问题。"养不教，父之过；教不严，师之惰"，你没有尽力。

尊道而贵德，首先说的不是员工，而是管理者。在管理者的人生价值观里，是否建立了尊道而贵德这样一种思维？管理者是否愿意按照道与德去经营自己的人生？你对这些信条是否坚信？听起来很容易，奉行一生是很难的。你敢用一生去利他吗？能真正做到，那是真明白人生了。很多人在利他问题上很犹豫，很多讲利他的人，一到做事就不利他，这说明还是道不明。

第二，德没有落实。管理中的德，是指要把道在工作中实践出来。你做的所有事都能遵循客观规律吗？不侥幸，不投机，能沉住气，等得起。你敢不敢用十年做一件事？你有自己的人生信条吗？不能总是靠一些散碎的想法。

第三，格局不够。你感受到天地的力量了吗？感受到国家的力量了吗？你的心里有没有国家，有没有自然，有没有员工，还是只有你自己？这些背后都是道，把这些道悟清楚，才能去教员工。

因为道不明，所以道用不出来，道用不出来就教导不了你的员工。教导不了你的员工，员工就会选择自私，选择走捷径。这是我们的教导没有到位造成的。所以，领导者本身一定要学传统文化，做一个有思想的人，否则带不了队伍。无为之法用得好不好，要看在道上有没有下足功夫。很多时候，道我们似乎学了，但要落实到德上，得落地，得持之以恒，得知行合一。

这里谈的德不是简单的美德，而是企业的系统做得怎么样。员工在培训吗？适岗吗？福利怎么样？他们生活得幸福吗？这些都是对德的考验，把这些事做好了才叫知行合一，这些都属于无为之法。

问题四：用无为而治的话题，如何平衡既要有人类命运共同体的高度，又能让没有上过学的人都能听得懂，学得明白？

答：大道至简，道不远人。首先从个体来说，要基于人性谈道德，不能说教，是基于对人性的认知和正确的引导。善恶是在德的层面，德是由道而生的，所以，道明了，善恶自然就分出来了，自然就会有德了。我们今天在德上遇到瓶颈，表现为善恶，其实是道上的瓶颈。这个道不是道德灌输，而是基于对人类自利性的尊重而作出的道法自然的合理模式，通过利他而实现自利的人生之路。

这个问题谁都听得懂，实在听不懂，有一个很简单的方法：做一遍就知道了。道在自然中本来存在，有的人可以通过传道而明，有的人可以通过体证而明，让他去做一遍，他就明白了。一旦收到自利的果，他会进入道。入道有多门，顺愿而教，用语言来传也行；

使作善，带他去做也行。

从个体来说，即使一个人没有上过学，你这么讲，他也能听得懂。从整体来看，人类命运共同体本身就是道，因为人类本身就是命运共同体，这个道是客观存在的，本来如此，只是人类有时候能认知到，有时候没能认知到，有时候忘记了。

人类为什么是命运共同体？要经常去悟这个道。依这个道而采取的正确行为叫德。所以，在这一重要问题上，我们也要尊道而贵德，尊人类命运共同体的道，依照这个道来实现国与国、民族与民族、家与家之间的和谐共存。

一家企业就是一个命运共同体，要形成共同的使命、共同的价值观、共同的愿景。因为是命运共同体，所以，要靠使命、愿景、价值观来保证它。

问题五：关于兑现个体自利的目标，利益分配应遵循怎样的原则，如何做到既能激励又不会激发贪欲？

答：这个问题既复杂也不复杂。一家企业要建立一个相对合理的分配制度，比如按劳分配、按需取酬等，有很多方法。如果能核算出个体的生产价值，就能算出合理的分配比例，关键是看企业整个运行系统是否缜密。

如何不激发贪欲？先看贪欲是由什么造成的。贪欲不是因为我们过度发工资造成的，造成贪欲的第一个原因是非道。贪欲本身带着自利性，可是到最后却成了对人的伤害，但是我们自己不知道。

贪欲背后还是一种愚痴，所以必须对他进行尊道而贵德的教化，把他引回道中就好。如果人不知道贪欲对自己的伤害，就改不回来。所以，不激发贪欲的第一步是要让员工认识到贪欲对自己是有伤害的。

第二个原因是非德。建立企业系统时，不要过度使用绩效、奖励等去刺激员工的贪欲，贪欲刺激起来止不住。对于企业而言，德是企业的系统，德是个体的正确行为，德是合理的分配奖惩的制度。在德的系统设计上不要激起员工的贪欲，贪欲是在非理性情况下被反复刺激而出现的。

问题六：《道德经》中的圣人和善人是指什么？我们学习《道德经》，是学做圣人还是善人？商业社会，怎样做才能合于老子说的圣人、善人的标准？

答：圣人和善人，我们都要做。这里的善人是什么？从道来看，善人不是简单的、现象层面的善良，是尊道而贵德的人。他不是愚善，而是有自己的思想，是遵循道而有正确行为的人。这种善人是自觉的。

至善之人就是圣人。人的天性有自私、有杂染，想做善人不容易，可以循序渐进，把那些杂染、私欲慢慢祛除。比如，知道每天要利他，可是一到利他时内在有挣扎，你一次一次战胜自己，让自己走向真正的尊道而贵德，到最后所有的杂染都祛除了，就成了圣人。

所以，圣人与善人很像，方向一致，都在道上，但是程度不同。善人还有"我"，还有私心私欲，但知道这些对自己有伤害，开始控制并逐步祛除。心性转变需要时间，需要过程，善人慢慢成为圣人。圣人，是彻底明道的人，他的德已经内化了——从心所欲而不逾矩，圣人是无我的人，圣人是无为的人。圣人外在摆脱了物欲的控制，内在没有了自我的纠缠，他的一举一动自然就尊道而贵德，每天善利万物而不争，无为而无不为。"为学日益，为道日损，损之又损，以至于无为，无为而无不为"，描述了从善人到圣人的过程。

问题七：自己在管理中总是看到别人的短处，总是在批评别人，自己有觉知但是改不过来，怎么办？

答：这是管理中的现实问题。喜欢批评人，看别人短处，往深说，这是你不明道造成的。什么是明道和不明道？管理如果做得好，可以达到"生而不有，为而不恃，长而不宰"这样一种境界。所以，管理不是管，也不是不管。不管，你没有尽到责任；硬管，没有用，因为员工的思想观念没有扭转过来。

我们批评员工犯错误，有没有想过他为什么会犯错误？员工本身明明有自利性，为什么还会犯错误呢？第一，他不知道如何正确地自利，误以为懒能自利，以为少工作多拿钱是自利。他的思想没有人帮他引导过。思想的问题是道的问题，你不扭转员工的错误思想，只批评他，有用吗？批评说的是现象，而他犯错的根源在思想，就现象说现象，没有用。批评完他，他还是不明白什么是正确的自利。这是员工犯错误的第一个原因。第二个原因是什么？员工知道了，想要正确的自利，在企业实现自利需要专业化，可是员工没有形成专业之德。比如，一个老师想教书育人，有很好的发心，但在教书育人上没达到专业化，能力不足。这时，你批评他也没有用，看他短处更没有用，应该怎么办？教他专业技能，帮助他实现专业化。在这个时候，要控制自己总想批评别人的坏习惯。

作为管理者，在管理现场到底说什么话有用？想解决员工这些问题，只说两类话最有用：第一类话，道；第二类话，德。道，让员工明白如何正确地自利，因为自利性是他的天性，不用讲那些大道理。"你咋不做贡献呢？你咋不为企业着想呢？"他想不明白这些，他在想："我凭啥要为企业着想呢？我是为我自己着想才来的，企业跟我有啥关系？"所以，要顺着人性而说，基于人性说大道，让员工明白怎样做才是正确的自利。

道说清楚之后说德，教员工怎样去敬业、怎么能专业。敬业代表遵守组织原则，如果不敬业会耽误集体的利益，同时也会耽误自己。企业是利益共同体，所以要敬业。敬业也是一种优良作风，一种职业基本操守，进入职场就要敬业，不能敬业就不应该进入职场。就像婚姻一样，不结婚就罢了，结了婚就要相亲相爱，这是婚姻的基本准则。你不想相亲相爱，结婚干吗？在家庭也要做敬业的先生和敬业的太太。如果不敬业，就可能下岗，那就是离婚。敬业代表遵守这个组织的原则，专业代表能承担起该承担的任务。

所以，管理者跟员工主要说这两类话，道与德说明白了，问题就解决了。如果展开说，就是前面讲过的——道的三用和德的三用，这两部分都要教给员工。这些做好了，其实就是无为而治。除此以外，很多话说了没用，没用你还想说，那是你的坏习惯，要改。不能解决问题的话，要控制自己不说。员工固然不合格，那我们是不是称职的管理者？所以，要学会这种无为而治的管理智慧，尊重人性，尊重万物的道，顺着道去做该做的事，就好做了。

所以，管理者要学传统文化，使命、愿景、价值观，都是道；研发、生产、销售，都是德。这样，基于人性而建立，尊道而贵德、无为而治的一家企业出现了，花一两年时间把这些全做好，企业很稳当，你就可以"治大国若烹小鲜"了。

问题虽然多，但背后的原理是一样的，建议大家按前面讲的内容做自己企业的功课。对照一下，道的三用和德的三用在我的企业落实得怎么样，查漏补缺。还是没弄明白的，可以继续学，反复悟。员工想自利，你也想自利，人人想自利，所以，人人要悟这个道。你悟不出来这个道，也很难自利。所以，管理是以我们自己的正确自利去教会别人正确自利，如果我们自己都没弄明白，人生在选择上还出问题，那怎么教员工呢？正确的自利又分很多层，有物质层面，有精神层面，你做到了哪一层？是否坚定地去行道？

德，是道的证明；道，是德的智慧。没有智慧做支撑，这个德立不住；没有德来落地，这个道是空的。所以，有道必须有德，有德必须有道，谁都离不开谁。老子写《道德经》，又写道又写德，德不离道，道不离德，知行合一，人生幸福。此时，整个人生就解开了，无为而治就呈现出来了。

无为而治对于一个家庭、一家企业，乃至一个国家都是有用的，它不是额外添加，而是回归到本来状态，然后让时间发挥作用，潜滋暗长，无为而无不为。

04 管理中的无为：在明明德

《道德经》这部经典，从春秋至今令无数人受益。这次课程我们立的题目是"《道德经》中的管理智慧"，特别是无为而治的管理智慧。很多企业家朋友关心自己的企业能不能实现无为而治。前三讲阐述了无为而治的三个核心点：不要制造问题；运用自然的力量；万物莫不尊道而贵德。尤其第三讲，描述了无为而治的过程，以万物尊道而贵德为起点，一层层展开，尊什么道，如何尊道？贵什么德，怎么去落实？道生之，德畜之，怎么变成我们企业管理的现实？讲完我也在思考，是不是讲了这么一整套无为的原理和方法，企业就能用呢？未必。因为成事在人，如果领导者自己没有做好准备，单纯学无为而治，还是做不到。无为而治本身是一种很高妙的管理哲学，能否实现，不仅取决于对方法的娴熟运用，更关键在于领导者自身的修为。所以，这一讲重点谈一谈企业落实无为而治，领导者需要做什么准备。

《大学》开篇讲:"大学之道,在明明德,在亲民,在止于至善。"刚好和《道德经》有呼应之处。无为而治,在某种程度上像"亲民"和"止于至善"。那么,如果想做到亲民和止于至善,前提就是"明明德"。领导者能在明明德上发力,无为而治就可能实现。想落实无为而治,领导者首先要明明德,"自天子以至于庶人,壹是皆以修身为本"。此处的修身,主要指提升心性世界。如果领导者能够一点一点去努力修身,企业完全有可能无为而治,实现无为而无不为的管理。

圣人所描述的无为之治,自春秋以来,多次在国家治理中出现过,如"成康之治""贞观之治"等;也多次在家族治理中出现过,如被誉为"天下第一家"的江州义门陈氏,在唐宋时期,创造了15代、3978口、历时332年聚族而居、同炊共饮、击鼓传餐、百犬同槽、孝义传世、耕读传家、家无私财、族产共有、人无贵贱、共同劳作、平均分配、和谐相处的人间奇迹,成为中国人口最多、文化最盛、团结最紧密的大家庭。所以,古人所描述的无为而治的境界并不是虚言,真实存在过,只是今天的管理者肯去明明德、修身的,相对少了。

当代流行的管理偏重于方法,KPI、质量体系等,主要讲怎么去管企业,怎么去管员工。而《道德经》不仅讲怎么外王,更主要讲我们自身要怎么办,怎样开启我们本有的内在世界,明明德;怎样提升我们的精神世界,修身。如果这些前置工作没有的话,企业很难无为而治,最后只能去管,一管就死,一放就乱。其根源不是方法不对，是管理者本身没有接受明明德的长期修学。

"明明德"的内涵很丰富，本讲大体分四部分：方向、保身、明道、修心，都取自《道德经》，从这四个方向来阐述管理者怎样明明德、修身为本，为企业的无为而治做好充分准备。

修身，从正确的人生方向开始

首先是方向。为什么强调方向？没有领导者的修身、明明德，就没有无为而治。无为而治的方法特别有效率，能极大调动企业全员的积极性，但前提是，领导者自身的人生方向与事业方向要清楚，不能"流俗众"，要有圣人的思想境界。

修身从哪里开始？从领导者的人生追求开始。你的人生追求是什么？尤其我们做企业的，必须回答这个问题，不同答案会产生人生的不同归宿。人生如射箭，差之毫厘，谬以千里，起点决定终点。人和人之间很大的差距，就是追求的差距，不同的追求使大家彼此无法读懂。

比如，做企业常规的追求是赢利，要赚钱，要资本扩张，要做强做大，等等，这些不罕见，习以为常。大家见面谈什么？谈你的企业做1个亿，他的企业做100个亿，马上待遇就不一样。这是当今社会的特征，包括很多企业家交流学习，也愿意谈怎么让企业多赚钱。怎样多赚钱这样的常规思维不能说是错，但也不够高。

高端的人生追求什么？《道德经》说，"圣人无常心，以百姓心为心",追求百姓的幸福。"是以圣人常善救人,故无弃人",圣人善于帮助、拯救别人,没有弃之不顾的人。"上善若水,水善利万物而不争",圣人一生以善利万物而不争作为人生的追求。"生而不有,为而不恃,长而不宰,是谓玄德",带团队做事情,培养员工却不是为了控制他们,对社会有贡献却不自恃有功,为社会创造了很多财富却不独享,所以是上德。"是以圣人终不为大,故能成其大",圣人的人生不是刻意要做大,本身并没有追求说我要做大。"是以圣人为而不恃,功成而不处,其不欲见贤",有道的圣人,有所作为而不以为恃,有所成就而不居功,不愿意显示自己的贤能。"天之道,利而不害;圣人之道,为而不争",圣人只是利他、奉献,无论什么名利从来不争,奉献而无所争。这是圣人的人生追求。

  有人说,圣人追求的也对,但离我们太遥远,我们还是走自己的路吧。打开历史就会看明白,圣人为什么这么做。历史,是晒干的现实,挤去时间的水分,我们可以同时看见道或非道的因果,从而作出更加明智的选择。圣人依道生活,追求奉献而无争;普通人按非道生活,追求名利,最好少付出,多得到。圣人这么做,他的人生是光明且幸福的,而普通人的那些追求,求名求利,无论是否真正得到,幸福了吗?不要着急用自己的标准做评判,想一想圣人为什么写下这些经典名言,是在为难我们,还是在指引我们?深入思考会发现,圣人说的是智者的人生追求。一个真正有大智慧的人,追求以百姓心为心;追求善利万物而不争;追求常善救人;追求终不为大;追求为而不恃;追求为而不争。

第一次读经典可能不太容易理解，正是因为不能理解，我们才要反复读，悟这个道。如果一读就能理解，《道德经》就不是一部智慧精深的大经了。为什么千百年来这部书一直有很多人在学习？这部经典完全超出了我们过去的思维高度。今天很多企业，没有听说过甚至不敢想象无为而治，不是这个方法失传了，而是这样的人生境界不容易达到。如果我们长期修学传统文化就会发现，圣人的追求是圆满的，是合理的，是幸福的，是自利利他的，是真正智者的高端思维。我们有幸遇到这部经典，应该想一想，自己的人生是否也应该努一把力，这一生以百姓心为心，善利万物而不争，尝试一下。我们个人在历史长河中只是一朵浪花，而《道德经》已经流传千古，要有舍己入道的决心，而不是固执己见。舍己入道，不要着急否定，也不要着急说我够不着，望尘莫及。

圣人给我们的人生提供了一种方向，用4个字概括，就是我们中国人追求的高端的人生——内圣外王。内圣，如《大学》的"明明德"、王阳明先生的"致良知"、稻盛先生的"提高心性"等；外王，"修齐治平""无为而无不为"。这样去管理企业，你能做很大的事情，能帮助很多人，而且"治大国若烹小鲜"。

如果我们不学经典，真的不敢想象人生还可以这样度过，又能内圣又能外王。其实，重点并不在于最终你是否完整地实现了内圣外王，只要方向是正确的，一生就不会输。内圣外王说的是人生的正确方向，而不是某一个节点。不管你是从商、从政还是从事教育，都可以内圣和外王。

有人说，周边世界可不是这样的。"流俗众，仁者希"，我们个人究竟想做什么，其实不必受别人左右，真正有思想的人都在走自己该走的路，而不是别人做什么我才做什么。别人做的就一定对吗？应该是圣贤做什么我们才做什么，因为圣贤代表着经过历史的淘选，达到人类智慧的顶峰。人生要向圣贤看齐，圣贤并不是强迫我们，而是引领我们把人生坐标调过来，调到内圣和外王。"以百姓心为心""终不为大""常善救人"，这样的人生既能内圣又能外王，不仅净化了自己的心灵，也成就了时代的事业。

我们读经典要看到圣人的气象，不要望而生畏，要因此而立志，"朝闻道，夕死可矣"，哪怕五十岁立志也不迟。立志，就是定出正确的方向。我们吃过那么多亏，走过那么多弯路，要觉醒啊！什么赚钱就干什么这种思维，把多少企业拉进了陷阱，这样的案例还少吗？有没有想过企业为什么会倒？仅仅是行业调整造成的吗？我们内在的思维对吗？如果不调整思维，能改变未来命运吗？遇到困难，首先就是反思和学习，向圣人学习，不断靠近人类巅峰的智慧，不给自己找任何借口。经典经千百年验证而存在，必有其因，必有其理，要知道我们和圣贤的差距。

如果站在人生终点来看这两种方案，一种是单纯追求盈利，做大做强，一种是以百姓心为心，为而不争，善利万物，哪一种更合理？

当你以百姓心为心，为而不争时，一样可以做得很大很强，"终不为大，故能成其大""唯其不争，天下莫能与之争"。看懂这个逻辑关系了吗？一种是目前社会上流行的方案，一种是经典提供的方案，你愿意尝试哪一个？

今天在思想上为什么出现这么大的差异？一个重要原因就是文化的断层，很多人没有机会学习传统文化，细读经典。重读经典，内心感慨良多！学《大学》时学生们问我，《大学》在讲什么？我回答他们，《大学》讲的是世间合理的人生方案。如果这些经典让中学生大学生好好读一读，怎么还会有"空心病"？怎么还会迷茫？祖先关于人生的问题，谈了又谈，从《大学》谈到《中庸》，从《道德经》谈到《孝经》，就是希望我们少走弯路，人生幸福。我们不读经典，只能困惑，只能迷茫，只能白忙一辈子。同样在奋斗，同样在努力，同样在殚精竭虑，但就是不得其终，不得其用，不得其乐。我们这代人是到中年才学经典，晚了三四十年。听说有的学校在经典进校园上还有争议，这是看不明白，不知道经典有多重要。经典不进校园，会耽误下一代。《孝经》《大学》《论语》《道德经》是华夏学生必修的经典，因为它太重要了，不学这些经典，人生差异巨大，肯定会被社会卷走。

一个做企业的朋友跟我感慨："公司招聘大学生，一招几百人，但就是找不着合适的，都是高学历，非常自我又没有专业。现在的大学生是怎么了？怎么会是这个样子？"什么原因？吃亏在没有学传统文化上，人生的高度没有，可又偏偏拿了高学历，知识掩盖不了智慧不足，思维混乱两眼迷茫，一做事就露出真相。起步就是这个样子，怎么走到终点？

我们被眼前的信息化、知识化、财富遮住了双眼，自以为已经无所不知了，其实人生可能才刚刚入门，甚至所知甚少。学历越高，可能问题被遮盖得越深；财富越多，可能更没有时间去学道。直到有一天出现大问题，也未必能够反思，因为当问题来临时，很多人只是忙于解决问题，未必知道停下来去读经典，在圣人处讨药方。

稻盛和夫先生说："我们人生的意义是什么？人生的目的在哪里？对于这个人生最基本的问题，我认为必须从正面回答。我的答案是提升心性，磨炼灵魂。让自己拥有一颗纯洁美好的心灵，这是我们思考如何度过人生时一个大前提。"一流的企业家都在追求美好的心灵，就是内圣，就是明明德。这些大事，你是否提上日程？是否开启了你的内圣之路？

稻盛先生又说："上天为什么会赋予你这些才华？是为了让你造福社会。"怎么度过自己的幸福人生？抱着利他之心、关爱之心，造福社会，这就是外王，就是"以百姓心为心""为而不争""常善救人"。这些是每个人都应该思考，最好从年少就开始思考的，既是人生的境界，也是人生的方向。

人生的结局为什么差距这么大？是境界的差距，也是学习的差距。前面有经典，后面有这些学习了传统文化的企业家对人生的思考，他们已经发现了心性的重要和造福社会的人生追求，在这个过程中正常地营利，正常地发展，正常地做大。大包括小，小未必能抵达大，不读圣贤之经典，真的不知学问之大也。

保身，从容有度

第二，保身。关于保身，《道德经》谈了很多：

> 持而盈之，不如其已；揣而锐之，不可长保；金玉满堂，莫之能守；富贵而骄，自遗其咎。

这段话就像是专门说给现代人的。手握容器不停地往里面注入，累积到了满盈，不如及时停止；刀磨得太锐利，不能长久保持；家里金山银山，没人能守得住；富贵而且骄傲自大，会给自己埋下祸根。

"金玉满堂，莫之能守"，读一读《红楼梦》，"陋室空堂，当年笏满床；衰草枯杨，曾为歌舞场；蛛丝儿结满雕梁，绿纱今又糊在蓬窗上；金满箱，银满箱，转眼乞丐人皆谤"。学过传统文化的朋友都知道，财富五家分，守不住；家财万贯，不如家训一卷，真正能传家的是家训家道，而不是家财。

"富贵而骄，自遗其咎"，财富很多，地位很高，如果还那么傲慢，不肯谦卑待人，一家饱暖千家怨，会招灾惹祸。富贵不容易，富贵以后能够守谦守拙的更难。

读经典，学传统文化，看看历史上的兴衰成败，人就成熟了。网络直播带货，快钱挣得堆成山了，怎么样？"莫之能守"。有名有钱富贵了，傲慢骄横，"自遗其咎"。发生了这么多事，都是偶然的吗？经典已经在警告我们了，许多人没机会看到或者不相信，前仆后继研究怎么赚快钱。"持而盈之，不如其已"。端不住了，要小心啊，财富来得太快，出名来得太快，经典却学得慢，内部不能自我平衡了。"揣而锐之，不可长保"，说话不学厚道，专门学怎么怼人，牙尖嘴利，"过于薄者常近祸"。已经锋芒毕露，还要继续炫耀，怎能长保？出现了今天这一幕一幕现象，多么可惜呀！

五色令人目盲，五音令人耳聋，五味令人口爽，驰骋田猎令人心发狂，难得之货令人行妨，是以圣人为腹不为目，故去彼取此。

纷繁的色彩让人眼花缭乱，纷繁的音乐让人听觉都不再灵敏，过度丰美的饮食让人味觉变得迟钝，纵情声色使人内心发狂，追逐那些稀罕的器物使人操行不能守住。真正有道的人，不在这里追逐。他"为腹不为目"，只满足基本的生活需要，不纵容自己的欲望，他摒弃物欲的诱惑而去修身，提升精神世界，追求的是内心世界的善良、安宁与光明。

我们生活的这个时代，常常是五色琳琅，五音靡长，五味杂陈，驰骋游戏场，灯红酒绿无止无休，难得之货高调登场，比欲望，比排场，比疯狂……如此下去，我们思维会迟钝，智慧会降低，不再能淡泊，不再能俭朴，离真正的智慧越来越远。你以为这就是人生，这些欲望就是人生的最高追求吗？这算什么追求？你买一辆800万的豪车就能名垂青史吗？只会是一个笑话。说得难听一点，这是没有文化。至少我教的学生不希望他们走这样的路,这不是保身之术。

名与身孰亲?身与货孰多?得与亡孰病?是故甚爱必大费,厚藏必多亡。

你的名誉和你的生命,哪一个离你更近?你的生命和你的财产,哪一个更贵重?获取和丢失相比,哪一个更有害?过分贪爱名利必定付出更多的代价,过于积敛财富必定遭受更为惨重的损失。财如水,水长流,长养万物,是为财之道。无论"甚爱"还是"厚藏",都违背财富之道。这种背道的行为我们要远离,其结局一定是"大费"和"多亡"。

没有意义的浮名与内在的生命世界相比,要知道哪一个对我们更重要,哪一个能陪伴我们到老;自我身心的安康和外在的财富,要知道哪一个对我们更加宝贵。在得与失之间,重新做一个抉择。圣人也出名,但内心不沾,不为名利所累。他的名都是相,如果内心沾染了名利,他就不是圣人。圣人可能出名也可能得利,这是他善利万物的方法,如果他连名利都看不破,就不是圣人。

何为得?何为失?哪一个对自己是更合理的安排?我们把公司的利润拿出一部分,布施出去了,我们失去了吗?没有,转成了企业的福德,又滋养了我们的身心。我们去贪占国家的资产、他人的钱财,真的得到了吗?没有,我们失去更多,失去了福德,失去了安宁的身心,也有可能失去宝贵的未来。为什么会出现贪腐?贪腐是因为心性，因为愚昧。不把这些智慧找回来，贪腐现象不容易化解，人们会继续做很多类似的错事。因财而害己，以身发财，不值得。

飘风不终朝，骤雨不终日，孰为此者？天地。天地尚不能久，而况于人乎？

狂风刮不了一早晨，暴雨下不了一整天，谁让它们这样的？是天地。连天地都不能持久，何况人呢？人要知进、知退、知止。为此，古人写了一部书《止学》。人不可能永远处在顶峰，过了就过了，高光时刻要主动下来，峰顶再进一步就是悬崖。所以，《道德经》说"功成而身退"，这是保身之术。已经很红了，还要再红、更红，怎么可能啊？"天地尚不能久，而况于人乎？"已经暴富了，还想再富、更富，怎么可能啊？"飘风不终朝，骤雨不终日"，这些古训我们好好思考，不要太任性，为所欲为。

自见者不明，自是者不彰，自伐者无功，自矜者不长。

总愿意自我显示的人，反而不能彰显，也不一定能到达真理的本源；总自以为是的人，未必能把他的思想、做法传扬；总是自我夸耀的人，反而不被认为有功劳；总是自高自大的人，反而不能持久。如果你希望你的美名能在世间流传，那就做一点真实有价值的事情，也不需要宣传。如果你需要你的思想为很多人知道，必须保证你的思想是正确的，能利益大众。如果是这样，不用你说都会流传，就像《道德经》一样。

老子一生没有给《道德经》打过广告，出函谷关写了五千言，自然流传到今天。我们现在着急出名，着急自夸，着急自显，不断想去阐述自己的观点，却并没有想这些观点到底对不对，到底有没有用。其实，人和人只是互相分享，包括我自己都是，不敢说我的观点一定是对的，但我愿意为圣贤转述这些话，因为转述它，可能会利益到很多人。如果总是夸自己，这违背了圣贤之道，没什么意义。"桃李不言，下自成蹊"，把你该做的做好，一切自然而然，不要着急去"自是、自矜、自伐、自显"，这些属于无用动作，越求反而越不得，甚至给自己招来很多麻烦。这些对你的内心没有什么滋养，安分守己，做一点该做的事情、对他人有帮助的事情，如果对大众有帮助，自然就能传播开来。

祸莫大于不知足，咎莫大于欲得，故知足之足，常足矣。

没有比不知足更大的祸患了，没有比贪得无厌更大的罪过了，所以，知道满足的这种满足，永远是满足的。不知足，就会惹来祸患，欲望很大，贪得无厌，灾难已经不远了。不要忘了我们的人生方向，向内修这颗心，向外抱着利他心去利益社会、造福社会，其他的都是自伤自害。把欲望放得那么大，不担心吗？已经生活得很好了，还贪得无厌，不怕惹来灾祸吗？在个人生活上得少为足，俭朴安乐，尽一份心力善利万物，不争名，不争利，很知足，有这样一颗心，一生就很丰足。不是因为你拥有很多，是你有一颗知足的心、感恩的心。当下这一切已经很好，很快乐，很平和，住这样的房子，开这样的车，穿这样的衣服足够了。要有自己的生活操守，不要和别人攀比，也不要受别人的蛊惑、误导。学传统文化的人，要坚守自己的道。

《道德经》有很多关于保身的名言，身不能保，何谈帮助他人？那些低级的错误我们不要犯。常读《道德经》有好处，将来有一天我们想做事时，就更要读《道德经》，让心慢慢缓下来、淡下来。如果觉得最近心很躁，那怎么办？读一读《道德经》，看一看如何规划自己的人生，想一想圣贤是怎么想的，怎么平安地度过他的人生。我们要怎么办？不要自遗其咎。

明道，按规律做事

第三，明道。《道德经》关于明道的话有很多，这里重点说一说在企业中可能用到的道。

非以其无私邪？故能成其私。

前面是一个反问句，把这句话翻译过来，就是以其无私方成其私。"成其私"的"私",不是自私,是正确的人生追求。用什么来实现?无私、利他。所以,利他是大道,利他是智慧,利他是胆略,利他也是心性。正是因为能够无私奉献,才能够实现人生的美满。所以,什么人能够奉献?受过正确教育的人,觉悟人生的人,明道的人。为什么不肯奉献?还没有想明白,就是追逐啊追逐,索取啊索取,到最后未必能得到。这句话对我们现在的人帮助很大,提醒我们要学做一个无私的人,做一个利他的人,做一个为别人着想的人。

我们学校颁发年度奖学金,设定奖学金有三种用途:一种是捐资助学,帮助贫困少年;一种是回馈母校,报答母校的培育之恩;一种是感恩父母,充抵学费。拿到手的奖学金,选择其中一项或者三项都可以。学校为什么要这么做?就是从小训练孩子无私的心、利他的心。奖学金有德智体三类:德,厚德载物奖;智,学业精进奖;体,体质强健奖。身体好,有奖学金;学业精进,有奖学金;品德好,有奖学金。这是学生努力所得,得到以后不要满足欲望,欲望大了会出问题,要捐出去。每个学生最后得的是一个奖状和一朵大红花,钱又都捐出去了,既种了福德种子,又练了一颗无私的心。从年少起教孩子以其无私方成其私,让他们知道为国家、为社会、为母校、为父母、为他人,这一生已经入道了。所以,一次奖学金的颁发就是教育,入道的教育,通过这样的形式来教他们,让他们明白人生就要这么度过,明年继续努力学习,再获奖学金,再捐。持续多年,心性养成了,这一生都以其无私成其私,一生走在奉献的道上，人生就活明白了。

有无相生，难易相成，长短相形，高下相倾，音声相和，前后相随。

这里讲的是什么道？一！有无是一，难易是一，长短是一，高下是一，音声是一，前后是一。这是为什么？我讲一个故事，大家就明白了。

学校每年都要引进新教师，新教师刚一上岗都不知所措，而老教师经过培养、训练，工作都很专业。所以，老教师开会找我："校长，这新教师都不会教学，不会带孩子，怎么办？"我说："正是因为不会，将来才能会，所有的会都是从不会开始的，所有的懂都是从不懂开始的。不会和会是一体的，不懂和懂是一体的。因为他们不会，所以需要你们来培养，将来就会了。如果你把不会作为理由，不去教他们，我们学校就不会再出好老师。"所以，很多人做事为什么做不成？就被这个道卡住了，张口就说我不会，却不知道由不会能生出会来，由不懂能生出懂来，由不能可以生出能来。这是一个"因为所以"的关系，你这么思考过问题吗？

因为不会，学就可能会，因为不懂，学就可能懂，人不要自我否定，它们是一。有和无互相产生，你会了这个，还会有你不会的地方。所以，无可以产生有，有里还带着无，在你懂的之外，还有很多你不懂的。所以，即使你懂了很多事情，还是要向人学习，不要着急否定别人。比如，你在小学时老师告诉你，五减三等于二，三减五等于不成立。到了初中，老师告诉你，三减五等于负二。你说老师你错了，三减五等于不成立。老师说那是小学课程，你就和老师争论起来。谁错了？你被自己有限的懂局限住了。所以，你的懂含着不懂。这个道是一，有无相生，难易相成，辩证统一，不二。越是难办的事情，越要从易开始，有易才能有难，相生相成。

如果想做事，必须悟这个道，不悟这个道会自我设限。我们总想求一个现成的，总想招一批人才进来就能用。其实，只要他具备这个素质，一培养就会了，不用担心，因为"有无相生，长短相形，高下相倾"。比如说，眼前这个学生今年 12 岁，想当物理学家，可是他初中物理还不及格，当物理学家，有可能吗？世界上最伟大的科学家，也是从一加一等于二学起的，不能因为一次考试不及格就否认他将来可能成为物理学家。不是人家成不了，是你的思维设限了。

难都是从易开始的，高都是从低开始的，所以不要否定任何一个学生。今天的教育，为什么很多学生教不出来？就是这种设限的思维，觉得这个学生和未来目标差得太远了，初中物理只考 60 分，还想当钱学森？这种思维是错误的。"高下相倾，长短相形"，都是可以变化的，二者是统一的。所以，教育特别怕给人贴标签，说学生不行。不行和行是一件事，也是相生相成的，关键看老师会不会生，会不会成。你要会生会成，你教的孩子就可以从不行到行；如果你不会生不会成，你教的孩子永远都不行。上来就说这孩子不行，是你的道没有打开。这个道理在管理中同样如此。道的思维是：在现象看它是对立的，在本质看它是一体的，既能二还能一，既能一还能二，运用自如就开始入道了。

做企业也是一样，困难和机遇就是硬币的两面，有困难一定就有机遇，关键在于能不能把握，困难和机遇也是相生相成的。如果你看不到相生这个关系，只看到困难看不到机遇，就会因为困难而退缩。所以，处在低处时不用担心，处于弱势时别害怕，人生不怕困难，不怕低，不怕无，怕的是没有道；有道，一切皆可变化。我们对员工的培养，对企业的展望，都是基于这个道而思考的，明白了这个对立转化的一体之道，就不会烦恼重重、事事担心了。

复命曰常，知常曰明，不知常，妄作，凶。

这段话特别好。复，恢复。命，天命，天之道，万物禀受。复命，恢复到事物本来该有的样子。常，本来的状态。知常，懂得事物本来的状态。懂得事物本来的状态，知道如何恢复它，叫作明；妄作，乱来，不知道事物本来的状态，不凭天道只凭个人想法，乱作为，就会出灾祸。

比如，当你做教育时，首先想想教育本来该是什么样子，从这里开始。弄明白教育本来的样子。"知常曰明"，你就明白怎么做教育了。教育的出现，一定有其本身的缘起。我认为，教育有三大缘起：人类的文明要传承；国家的建设要人才；个体的生命要幸福。这三件事和教育息息相关。教育应该开启孩子的觉性，进而传承文明，为国家输送人才，帮助个体实现幸福，这就是教育该有的样子。"复命曰常"，把这些弄明白，就能把教育恢复。所以，教育不是内卷，不是简单的分数，只是恢复再恢复，让一切事物回到它该有的状态，让花儿像花儿一样绽放，让树像树一样繁茂，让孩子像孩子一样长大……万事万物都回到本来状态。

"知常曰明"，今天为什么出了这么多问题？不明本来，仅凭想法乱作为，结果就是混乱、失序。身体为什么出现这么多的疾病？妄作是因，疾病是果。不该熬夜偏熬夜，不该酗酒偏酗酒，不该过度吃寒凉食物却要吃，所以就"凶"，得病了。怎么能健康？守常，就是恢复一个人正常的生活状态。古人说，人可以活到120岁，为什么活不到？妄作。教育为什么出现这么多顽瘴痼疾？妄作。不能回到通过开启孩子觉性，进而传承文明、为国家培养人才、为个体实现幸福的常态，教育进入了凭想法的妄作。当妄作成了习惯，人们更加找不到教育的本来，只能将错就错，越错越远。

做企业也是如此，"复命曰常"，要知道企业的天命是什么样子，应该按照什么去运作。"知常曰明"，知道企业的本来，就能明明白白做企业。企业应不应该爱员工？爱员工属于特殊行为还是常规行为？企业应不应该利益客户？利益客户属于常规行为还是特殊行为？企业要不要为国家做贡献？为国家做贡献属于常还是无常？这些常如果你不明白，怎么把企业做好呢？所以，我们学企业管理，最应该学"复命曰常，知常曰明"，让企业回到企业本该有的状态，把企业的天命恢复，让企业不妄作。企业如果"复命""知常"，就会平安长寿，无为而治，良性发展；企业一妄作，就会出问题，就会"凶"。回到本来状态就是解决问题。

夫唯不争，故天下莫能与之争。

正因为不与人争，所以天下没有人争得过他。不去争，他在善利万物；不去争，他在常善救人。圣人所做的一切，都是希望这个世界好，都是希望自己内心清净。圣人和圣人不会有争，孔子去见老子，不会说我的名声比你大，你的名声比我小，会争这个吗？不会，他们的心是一样的，都在道上。

战争是不是争？正义的战争，不是为了争，是为了保护百姓，为了善利万物，不得已而打的。我们国家轻易不打仗，只打那些不得不打的仗，为人民而战。这是因为我们国家是一个有道的国家，懂得"兵者，不祥之器"。

很多事情不是争来的，越争越输，越争越衰，这种不争成就了"天下莫能与之争"。为什么？因为他善利万物，福德非常大。人民对革命先辈的敬爱是先辈们争来的吗？不是。先辈们鞠躬尽瘁，只追求为人民谋幸福，为民族谋复兴，没有个人利益。他们"为而不争"，一生都在为的过程中，心不放在争上，为党，为国家，为百姓。

反者道之动，弱者道之用。

"反者道之动"，道一启动，可以循环反复，这是一种解释。比如说自利利他一体之道，利他就能自利，自利就须利他，是转动的、循环的。这就是道的特征，能够循环反复的是道，一旦停滞就不是道了。

"朋友有信"，我对你诚信，你对我诚信，循环反复就是道。如果我对朋友不诚信，要求别人对我诚信，不可能，这个道就转不动了。孝道也是一样，我孝顺父母，将来子女自然会孝顺我。如吕祖所说，"我能孝，自无逆子；子能孝，自无逆孙"，如此循环往复。

"反者道之动"有很多妙用。你想做市场，要为客户着想，听客户的声音，站在客户的角度回看我们的产品和服务，就能看明白其中的道。时常换位思考，从对方的视角反观自己，我这么做对不对，我这么说对不对。通过反观，让自己说该说的话，做该做的事情，听该听的建议，这就在道上了。如果你不能"反"，就会落入自我意识，没见着道，只会说很任性、很自我的话。没有道，社会和你之间就不流动、不循环，就没人理你了。你太任性，想干啥干啥，社会就把你淘汰了。

国家的财富、百姓的钱，贪官却装到自己兜里，考虑过国家和百姓的感受吗？没有。所以，不考虑国家和百姓的感受，伤害国家和百姓的人进了监狱。不要怪法网恢恢，是你丢了为官之道，社会把你淘汰了。什么是为官之道？为党为国为民着想，官爱民，民爱官，循环往复。什么是管理之道？为员工着想，企业想着员工，员工想着企业。企业都不顾员工，员工能顾企业吗？不明白道，那是自我。

"弱者道之用"，这句话有多种理解。一种理解是道的作用，它是若隐若现的，像春风化雨一般。道不像法律或制度，没有强制，没有逼迫，道的运用都是柔和的，像水一般。我们在和人往来时，不一定处处示强，守弱不是弱，守弱就是守道。中国古人很注重守弱之学，有一部书叫《守弱学》。

毛主席提出"人不犯我，我不犯人；人若犯我，我必犯人"，含着道的意味。我不示强，不主动侵犯你，但你不要碰我。这也是一种守弱。"善利万物而不争""为而不争"，道就这么发生作用。

> 道生之，德畜之，物形之，势成之，是以万物莫不尊道而贵德。

这句话可以作为做事的纲领来使用。"道生之"，有很多理解。我们从实践来说，做事首先你要有发心，要明理，这是做事的前提。做事从道开始，"道生之"，道为万物之基。"道生一"，"道"是事物的起点，从这里开始；如果没有明道，做事就很危险。

"德畜之"，道落地就是德。要做成事，就要不断地依道而行，自强不息，做对社会有利的事情，不断地厚德，厚德载物，事业就成了。依道而生，依德而畜，事物是因缘和合、道德累积而成的。

从一念发心再到具象成形，以道为起点，不断积蓄力量，从无到有，从小到大，最后成就。想把事情做好，先明道，然后厚德，做善利万物的事，在资源上整合，最后积累成一定势力，大事可成。"万物莫不尊道而贵德"，道与德符合所有事物的规律，故以道为尊，以德为贵。

是以圣人终不为大，故能成其大。

圣人，从来没觉得自己伟大，是了不起的人物，却一直被大家尊敬。在圣人眼中，自己是一个平常人，他从来不觉得自己是圣人，而是人民的公仆。"终不为大"，他从来没有高高在上，没有富贵而骄，没有觉得我很了不起，不觉得自己很厉害，不自是，不自伐，不自矜，圣人就是这样。他一直不为大，为什么却能成其大呢？因为他善利万物，而且不争，所以无为而无不为，自然成其大。这个大，不是自己包装的，不是自己夸耀的，是自然显现出来的。

别人说他是圣人，他说自己是普通人；别人说你做的事太好了，他说都是我应该做的。圣人都是这样思考。是不是圣人，这是后人追认的。在世的时候，他自己能说我是圣人吗？不能。圣人看自己很平凡，如果一个人觉得自己是圣人，他就已经不是圣人；如果一个人觉得自己很了不起，他就没什么了不起；如果一个人觉得自己很伟大，那他和愚痴仅一步之遥。

大家要万分小心，将来这一生，不管你的事业做得有多大，不管对社会有多少贡献，永远不要觉得自己了不起，永远不要觉得自己很伟大，更不要觉得自己是圣人。你只要静静地修你的心，做你该做的事情，功成名遂身退，终不为大。

敬爱的周总理在临终时说了三个遗愿：不开追悼会，尽量节俭；反对葬礼隆重化；希望将自己的骨灰撒在深爱着的中国大地上。总理一生为人民服务，一生做人民的公仆，无任何所求，俯首甘为孺子牛。所以，不要觉得自己了不起，不管你多么有财富，多么有地位，多么有思想，都要终不为大。当你觉得自己很了不得时，就快要出问题了。做你该做的事情，做完转身就忘记了，没有做完继续坚持做，这样过人生。

圣人不积，既以为人，己愈有；既以与人，己愈多。

圣人从来不想给自己保留什么，只是尽全力去帮助别人，结果自己反倒很富有；经常给予别人，结果自己反而很富足。范仲淹、王阳明过世时连棺材钱都没有。这就是圣人不积。

圣人的境界我们一般人确实不好理解，他们没有为自己留下任何东西，全都给了这个世界，所以他们是圣人。我们确实是凡人，我们一直在积——积财积物积名声，这是思想境界不同造成的。圣人外在可能没有多少钱，内心却非常富足，不停地付出，不停地奉献，给了以后，自己却越来越多。

修心，心灵宁静

第四，修心。《道德经》关于修心的经句很多，我们选几段：

> 致虚极，守静笃。

尽量使自己的心灵达到一种空灵的状态，保持这种宁静。虚和静，都是老子认为心应该保持的状态，没有心机，没有执念，消除了名利诱惑和外界纷扰而得到空明的宁静。这个虚极一起用时，可以照见万物。古人说："炼心之法，大要只是胸中无一事已。无一事，乃能事事，此是主静功夫得力处。"心一直在"致虚极，守静笃"的状态，这就是修行的功夫。心常寂常照，心能空寂下来，就能营万事。长期这么修行，智慧会大大提升。

> 上德不德，是以有德。

至德之人不会表现自己的德。真正有德的人，会认为自己很有德吗？会炫耀他的德吗？会骄矜于他的德吗？都不会。他的德只是尊道而贵德，是自然呈现，就像真正大孝的儿女，不会觉得自己很孝顺，只会觉得自己给父母做什么都是应该的，已经到了一种自然状态，不需要去表扬，不需要去夸耀，不需要去做作。为什么要廉洁？本来就应该廉洁。为什么不贪污？本来就不应该贪污。

真正有德的人，从来不感觉自己有德，他只是做自己该做的事情。"你很廉洁，有德。""不，这是我的常态。"这是悟道后的德。如果没有悟道，德会露出痕迹，会有造作，会夸耀自己。这个德还不是真正的德。"下德不失德，是以无德。"所以，"上德不德"，同样是一种修心的功夫，向内"致虚极，守静笃"，向外"上德不德"，道法自然地活着，多么自在啊！

上士闻道，勤而行之。

知道以后，要按照道去做。道在哪里？道在经中。《道德经》《论语》《大学》都在讲道，听闻了就要去做，做就是修心，不做怎能修心？有人说我学《道德经》已经很多年，为什么内心没有改变？因为你没有"勤而行之"。

吾言甚易知，甚易行。天下莫能知，莫能行。

不做，不能修心，不修心，不能明道，就白读《道德经》了。"上士闻道，勤而行之"，听闻后没有"勤而行之"，说明我们不是"上士"。"中士"对于道是"若存若亡"，"下士"闻道而"大笑之"。通过闻道的不同表现，能看出人的水平，但人们往往不自知。上士、中士、下士，命运各不一样，您是哪一士？

为学日益，为道日损，损之又损，以至于无为，无为而无不为。

学问在一天一天增加，自我在一天一天减少，真正修道是做减法。这个自我包括欲望、情绪、傲慢、怀疑、嗔恨、分别等。学道在于修心，而不是要背多少经典，关键在于能不能"为道日损"，去除自我，让心回归无我的本来面目。心能回归，做事就会无为，以至于无不为，就可以无为而治。所以，企业家想起用无为之法治理企业，必须修心，经历"为学日益，为道日损，损之又损，以至于无为"的过程，同时这也是学道、修道、悟道的过程，破除自我的过程，回归自性的过程。然后，才能运用无为之法。

如果做不到无为而治，不是方法不对，是我们自身的修养境界不够，如同把青龙偃月刀交给三岁孩童，刀很好，他却驾驭不了。把这段话放在最后来说，就是为了说明怎么使用《道德经》。方向、保身、明道和修心，若能从这四个方面去做，就可以用好《道德经》，展开无为而治。

2018年3月24日，白岩松在浙江省桐乡市的乌镇文化讲堂演讲，主题是"《道德经》——我的生命之书"。他曾经在家用一年时间专读这部经典，也曾经把这部经典送给很多正在巅峰和处于低谷的人。很多人读了流下眼泪说："读晚了，太可惜了。"白岩松说："生命之书，不仅重要，还在于你的每一个生命历程都能和它碰撞出火花。"这部经典，选读一句对你有用，选读一章对你也有用，读全书更有用。

　　能保身，能明道，能修心，能开智慧，《道德经》是我们每个做事业的人的必读之书。希望未来有一天，我们的青少年都能读经典悟道，拥有"内圣外王"这样真正的高端人生。